Hagamos Negocios Rentables

Fortalece y Transforma tu Negocio

15 COAUTORES INTERNACIONALES

Juan Carlos Adame

Hagamos Negocios Rentables: *Fortalece y Transforma tu Negocio*

Registro: 03-2024-070511235300-01

Diseño de exteriores: Punto Editorial / Andrea Guerra

Diseño de interiores: Punto Editorial / Francisco Rivera

© 2024 Punto Editorial. Todos los derechos reservados.

Punto Editorial

Vía Lazio 419, Col. Joyas de Anáhuac

C.P. 66055, General Escobedo, Nuevo León, México

www.puntoeditorial.com.mx

Hecho en México

Índice
Hagamos Negocios Rentables

Prólogo
Adriana Sepúlveda

Cuando eres dueño/a de un negocio quieres que sea 100% productivo, sano, sin problemas, con empleados leales, honestos, confiables, productivos... Y, sobre todo, *rentable*. Que sea la mejor empresa que pueda existir en el mundo, en la que todos tus sueños se hagan realidad, y que dirigirla sea tan simple como agitar una "varita mágica" que te dé la sabiduría para hacer las cosas correctas o de manera asertiva, tomar decisiones con la mayor claridad posible para evitar cometer errores y que todo salga perfecto... Cuando en realidad los/as dueños/as de negocios atraviesan un laberinto de desafíos y oportunidades, donde sus decisiones estratégicas marcan el rumbo del emprendimiento y redefinen las industrias.

Saben que la curva de aprendizaje empresarial nunca termina, porque siempre hay más que aprender, más que mejorar y más que explorar. Necesitan actualizar constantemente sus conocimientos, habilidades y mentalidad para adaptarse al mercado cambiante, las necesidades de los clientes y el panorama competitivo. Grandes expertos dicen que una de las mejores formas de prepararse es *contratando a los mejores*: los mejores *empleados*, los mejores *mentores*, los mejores *proveedores* para aprender de sus experiencias en departamentos o áreas específicas del entorno empresarial. Aun así, existe un arte y una ciencia profundos en construir un negocio rentable o ser un/a empleado/a rentable para una empresa.

Hagamos Negocios Rentables es una herramienta que te permite aprender de la mano de expertos cómo gestionar tu negocio. Es un libro que profundiza en la esencia de la rentabilidad, las complejidades de la innovación, los matices del liderazgo eficaz y el poder transformador del pensamiento estratégico a través de la sabiduría colectiva de *15 CoAutores experimentados*. Cada uno de ellos comparte su testimonio de las posibilidades ilimitadas que aguardan a quienes se atreven a aprovecharlas. Además de inspirarte, buscan equiparte con estrategias fundamentales que trascienden industrias y mercados.

Ya sea que aspires a emprender o seas un/a dueño/a de negocio experimentado/a que busca elevar su empresa, los principios contenidos en estas páginas iluminan el camino hacia la rentabilidad en una economía global en constante evolución. Si es así, has llegado al libro correcto, te aseguro que encontrarás mucho valor en cada capítulo que los CoAutores han presentado en este libro especialmente para ti.

Adriana Sepúlveda
Fundadora y Directora General de Merca para Pymes
@adrysepulvedagmx

Alex Ruiz

CFO para la región Adriática de BioMérieux

IMPORTANCIA DE LA RENTABILIDAD EN LAS EMPRESAS CHICAS, MEDIANAS Y GRANDES

Les ha pasado que ven una empresa exitosa, con oficinas impolutas, empleados felices, vestidos de manera impecable, redes sociales actualizadas y de repente ¡PUM! Desaparecen en un parpadeo y no saben por qué o cómo sucedió eso... Bueno, pues es altamente probable que los directivos de esas empresas también se lo estén preguntando.

En este texto abordaré la importancia de la rentabilidad en las empresas (una de las causas que responden a la pregunta anterior) y proporcionaré algunas ideas que, basadas en mi experiencia, han demostrado ser efectivas.

Enfatizo en "algunas ideas", porque cada empresa tiene un estilo, tipo, tamaño y contexto propio que la hace única y de eso dependerán las acciones a aplicar.

Definición de Rentabilidad

Empecemos desde lo básico: *¿Qué es la rentabilidad? ¿En qué momento se le puede considerar a una empresa rentable?*

Pues, de nuevo, atiende al contexto propio de cada empresa, sobre todo a sus objetivos, por ejemplo:

- *Una empresa pública cumple expectativas de los inversionistas y accionistas, mientras que una empresa gubernamental cumple una función social y maximiza el presupuesto asignado)*

- *Un negocio pequeño debe equilibrar la necesidad de crecimiento con la sostenibilidad financiera a corto, mediano y largo plazo (en ese estricto orden), mientras que una startup debe generar diferenciación y masa crítica para revalorizarse antes que generar rentabilidad.*

Por lo tanto, abordemos el concepto general simple.

Milton Friedman, en su obra, *Capitalismo y Libertad*, menciona que la rentabilidad es *"una medida de eficiencia en el uso de los recursos empresariales"*, mientras los economistas británicos John M. Keynes en su obra, *La Teoría General del Empleo, el Interés y el Dinero*, la define en términos de *"eficiencia marginal del capital"*, y Alfred Marshall en sus *Principios de Economía*, piensa que es *"el excedente entre el consumidor y el productor"*.

En resumen, **la rentabilidad es la capacidad de generar beneficios (ingresos) a partir de la inversión (costos, gastos y activos).**

Componente 1: Los Ingresos y el Valor

La rentabilidad depende de dos componentes principales: **ingresos y costos.** Los ingresos maximizan el valor percibido por los clientes a través del *pricing* o estrategia de precios. El precio de un bien o servicio está estrechamente ligado al valor que proporciona al consumidor.

La empresa que tenga un mayor valor percibido por el cliente final a través de la cadena de valor, será la que suela tener mayor poder de negociación de precios o *leverage*.

Un ejemplo es el caso de la insulina y su rol en el tratamiento de la diabetes. De acuerdo a JAMA Network, existen más de 537 millones de personas viviendo con diabetes, lo cual lo hace un mercado apetecible, no sólo para las farmacéuticas, sino también para las empresas que venden accesorios necesarios para mejorar la calidad de vida de los diabéticos. El estudio menciona que los precios de mercado de las plumas son significativamente mayores al de los viales, sugiriendo márgenes mayores por un producto que parecería ser intercambiable. El valor percibido de las plumas es mayor en términos de conveniencia y facilidad de uso, lo que permite a los fabricantes fijar un precio mayor.

Luis Nieto, Managing Director y disruptor por naturaleza de The Big Idea Group, hacía el otro día en LinkedIn una pregunta más que válida:

"¿Qué tan vital es tu negocio para el negocio de tus clientes?"

Y ahí radica la capacidad de una empresa de ser rentable, que el precio esté alineado a la

generación de valor. Otro punto para considerar es la posición de la compañía respecto a sus competidores, no sólo aquellos que venden el mismo producto o servicio, sino también sustitutos.

Un ejemplo es Netflix, que considera como competencia a videojuegos en línea como Fortnite e incluso al tiempo de sueño del usuario. Visto de otra forma, una persona puede usar su tiempo libre para ver una serie en internet, jugar videojuegos, o simplemente dormir. Netflix asume estas realidades y las toma en cuenta para su contenido, plan de negocios y *pricing*.

Componente 2:
Los Costos y su Manejo

Mientras el precio pone el techo a los ingresos generados, el costo pone el piso. Los costos, por su naturaleza, pueden ser fijos o variables. Los fijos permanecen constantes sin importar los volúmenes de producción y venta, los variables varían con respecto a la venta y producción, y también existen los semifijos que se mantienen fijos hasta ciertos límites y después requieren una inversión adicional.

Mantener costos fijos austeros ayuda a soportar variaciones y estacionalización de la venta. Si una empresa tiene sus costos fijos cubiertos con negocios regulares o con alta previsibilidad, podría ser agresiva en su estrategia de precios, considerando los costos variables (y los semifijos) como costos adicionales.

Ofrecer beneficios por volúmenes o rebates puede incrementar la rentabilidad, especialmente en compañías con altos costos fijos, ya que volúmenes adicionales significan mayor absorción de los costos por unidad, disminuyendo los costos unitarios. Imaginemos un caso donde la empresa ha adquirido maquinaria que se encuentra subutilizada, por ende, sus costos actuales absorben ineficiencias, lo cual únicamente se podría subsanar incrementando los volúmenes.

La creación de valor mencionada anteriormente también se puede ver de manera retrospectiva, es decir, entender nuestro papel en la cadena de valor de nuestros proveedores. Por ejemplo, en épocas de baja producción de plásticos, los productores tienden a priorizar contratos grandes (volúmenes), clientes más rentables o industrias claves.

Visto desde otra perspectiva, **si tu empresa desapareciera mañana, ¿cuál sería el impacto en tus proveedores?**

La respuesta es clave para generar acciones que disminuyan costos, como pueden ser esquemas *just-in-time* de entrega de materiales (inventarios en el almacén del proveedor y por ende asumiendo los costos asociados a ello), flexibilidad por ajustes derivados de variaciones de nuestra demanda y, por supuesto, *leverage* en la negociación de mejores precios.

Estrategias Específicas para Startups y Pequeños Negocios

Platicando con Mario Enzaldo, CFO y emprendedor mexicano y un excelente amigo, abordamos los principales desafíos que las *startups* y negocios pequeños enfrentan en su búsqueda de rentabilidad.

Recomendamos lo siguiente:

- **Enfoque en Nichos de Mercado:** Identificar y explotar nichos específicos suele ser una estrategia efectiva para diferenciarse.

- **Modelo de Negocio Ágil:** Que permita adaptarse rápidamente a cambios en el mercado y a las necesidades de los clientes.

- **Control de Costos Rigoroso:** Es esencial para mantener la estabilidad financiera. Utilizar herramientas de gestión financiera y análisis de costos ayuda a identificar áreas de mejora.

- **Financiación Inteligente:** Esto incluye préstamos que no generen una carga excesiva de intereses e inversores que aporten más que solo capital, como experiencia y contactos.

- **Colaboraciones y Alianzas:** Esto puede abrir oportunidades de mercado y reducir costos, compartiendo recursos.

- **Estrategias de Marketing** Digital de vanguardia.

La Posición Financiera y su Impacto en la Rentabilidad

Esto último me da pie para entrar a otro estado financiero, que es el balance general.

En muchas ocasiones, nuestra posición financiera puede ser un detonante o una limitante para mejorar nuestra rentabilidad. Algunos ejemplos son:

- **Inventarios:** Tienen relación directa con los costos. Una ineficiencia en la manufactura o compra de bienes puede tener un impacto mayor a un año calendario, lo mismo con una planeación de la demanda inadecuada o un lanzamiento fallido. Estas situaciones pueden terminar en mayores costos de almacenaje, obsolescencia o venta a precios menores.

- **Cuentas por Cobrar:** *"Las ventas se terminan hasta que se cobran"*, decía sabiamente un jefe. Una cuenta incobrable impactará la rentabilidad. De igual manera, una cobranza inefectiva impacta la posición bancaria y la capacidad de adquirir créditos a mejores tasas, inventarios o usar términos de pago como herramienta para mejores precios.

- **Activos Fijos:** La depreciación es un costo fijo y puede tener un gran impacto. He visto empresas con activos fijos de lujo, pero con rentabilidades mínimas, poniendo en riesgo el *core* de su negocio. Ser austero, por lo menos hasta tener un mercado y una marca consolidada, siempre será una decisión prudente.

- **Cuentas por Pagar:** Mejores términos de pago mejoran la posición de caja y por ende reducen la necesidad o el costo de adquisición de líneas de crédito. Tener liquidez permite a la compañía negociar mejores precios, pagando a plazos menores que el mercado.

- **Capital Social:** Un negocio rentable que permita la reinversión de los recursos en la empresa antes de pagar dividendos o requerir inyecciones de capital, será signo de buena salud financiera.

Conclusión

Este texto alude a algunas de las situaciones que una empresa puede enfrentar en su travesía para volverse rentable. Aunque depende mucho del contexto, sin lugar a duda el tener una conciencia financiera, foco en el negocio y una búsqueda incesante por la creación de valor acercará a la firma a dicho objetivo. Si deseas discutir, debatir, rebatir, o solicitar algún apoyo o consejo, estoy disponible en mis redes sociales.

Biografía
Alex Ruiz

Alejandro Ruiz, chilango de nacimiento, pero yucateco de corazón, es un destacado Contador Público formado en la Universidad Tecnológica de México, con estudios de posgrado en Finanzas en la misma UNITEC, el Tec de Monterrey y un MBA Ejecutivo enfocado en Negocios Digitales por la Bologna Business School. Su carrera profesional comenzó en Deloitte, donde se desempeñó como Auditor externo. Con más de 20 años de experiencia profesional, ha trabajado en empresas de renombre como Coca-Cola FEMSA, Cargill y Becton Dickinson, especializándose en Finanzas Corporativas, Auditoría y Costos.

En su rol actual, Alejandro es el CFO para la región Adriática de BioMérieux, empresa líder en diagnóstico médico in-vitro, y está basado en Florencia, Italia. Además, es inversionista en una *startup* emergente en el segmento de travel management. Alejandro ha demostrado su capacidad para incrementar la rentabilidad, administrar estratégicamente el OPEX, y reducir de manera sostenida el DSO, tanto en México como en Europa, incluso en tiempos desafiantes como la pandemia de COVID-19.

Apasionado por el *business modeling*, las negociaciones con clientes y proveedores y la promoción de la cultura financiera dentro de las organizaciones, está convencido de que un trabajador informado y consciente de su impacto en el desempeño de la empresa puede tomar mejores decisiones y contribuir significativamente al logro de los objetivos corporativos. En su trayectoria profesional, Alejandro ha demostrado ser un líder con sólidas habilidades gerenciales y financieras, capaz de aportar valiosas perspectivas estratégicas. Su enfoque innovador y su voluntad de explorar áreas más allá de las finanzas tradicionales, como Logística y Desarrollo de Negocios, subrayan su compromiso con el crecimiento y el éxito de las organizaciones con las que ha colaborado.

Contacto

- **LinkedIn:** Alejandro Ruiz
- **Mail:** ruizch.alex@gmail.com

Hagamos Negocios Rentables

15 COAUTORES INTERNACIONALES

Alexandra Cenac
Especialista en Liderazgo
y Proyección de Imagen Pública Positiva

EMPODERA, DELEGA, Y GENERA LA TRANSFORMACIÓN DE TU EMPRESA

Hola, querido lector, me alegra que estes aquí, es parte de tu búsqueda por despertar nuevas ideas y estrategias para la transformación de tu empresa o emprendimiento.

Después de analizar lo que piensa la gente cuando escucha la palabra **empoderar**, resumo las respuestas más habituales sobre lo que les viene a la mente:

- *"Empoderar es permitir que otra persona se haga cargo".*

- *"Es dejarle el mando a otra persona".*

- *"¿Estoy perdiendo el control cuando empodero?"*

- *"¿Tengo la capacidad de empoderar a alguien?"*

- *"No tengo claro qué cubre esa palabra".*

Por eso hoy quería tocar este interesante tema, que es una de las cualidades de un Líder. Empoderar es una palabra poderosa, y si quieres mejorar tu liderazgo, es importante que comiences a empoderar a las personas que te rodean.

"Si empoderas a tus colaboradores, alcanzarás tu visión en menos de lo esperado".

¿Qué es empoderar?

Empoderar es confiar en la inteligencia, la experiencia, la capacidad de intuir y la capacidad de las personas que te rodean y que están comprometidas contigo.

Como líder, es importante practicar el empoderamiento, porque si no lo haces no transmitirás el mensaje de que confías en que la otra persona puede hacer un buen trabajo. Cuando crees en los miembros de tu equipo, ellos se sentirán motivados para lograr cualquier proyecto u objetivo que desees alcanzar. Esto generará un sentido de pertenencia y compromiso, aumentando su confianza y autoestima, e incluso cuando estés desarrollando x actividad te ofrecerán su ayuda de forma voluntaria, siempre y cuando los hayas empoderado.

"Un líder difícilmente podrá alcanzar las metas que se ha fijado si no empodera a aquellos que le rodean y le apoyan".

Por esta razón, quiero hablarte de **Empoderar** y **Delegar** para generar transformación. La palabra *"empoderar"* tiene raíces latinas y significa *"hacer fuerte, poderoso"* y la palabra **Delegar** (del latín *"delegare"*) es el proceso que seguimos para encomendar y asignar responsabilidades a un colaborador de una tarea cuyo desempeño nos interesa y hasta nos afecta.

El concepto de **empoderar** arraiga ciertos tabúes con el tipo de empresas que no han desarrollado un tipo de cultura organizacional sana o simplemente no la han creado, es decir, aquellas empresas paternalistas que sólo promueven un liderazgo autoritario cuyos *"jefes"* piensan que, cuando se empodera a un colaborador, está asumiendo un gran riesgo, o quiere tomar su puesto en la organización, o puede tomar malas decisiones que afectan la productividad de la empresa, son incapaces de visualizar que podría ser todo lo contrario. Este modelo de *micromanagement* debería quedar en el pasado. Hoy en día, las empresas que no consideran el liderazgo tendrán una mayor tasa de rotación laboral. Por tanto, los líderes de la empresa deben crear, si aún no la tienen, su cultura organizacional (la identidad de la empresa) y compartirla con todos sus colaboradores para crear conexión y mantener sinergia con ellos, su principal activo.

Es importante integrar el empoderamiento y la delegación a la cultura organizacional, como líder es fundamental generar un mayor sentido de pertenencia y motivación con tus colaboradores, por ello te he traído varias razones por las cuales es de vital importancia empoderar a nuestros colaboradores:

- Cuando **empoderamos**, estamos expresando confianza a nuestros colaboradores.

- Cuando **delegamos**, el colaborador dará lo mejor de

sí, para que confíen en él en futuras tareas.

- Al **empoderarte** como líder, tienes la oportunidad de centrarte en nuevas ideas de negocio.

- Al **delegar**, generas la posibilidad de desarrollo de carrera a tus colaboradores.

- Si **empoderas**, crearás un sentido de pertenencia.

- Si **delegas**, repartes responsabilidades equitativamente.

Asimismo, para mantener una cultura de crecimiento en tu organización y estar a la vanguardia del mercado, es necesario que integres el **Plan de Capacitación Anual** a tu cultura. Es uno de los pasos para generar la transformación deseada.

Todavía hay algunas empresas que eliminan o simplemente no lo consideran dentro del presupuesto anual, porque lo ven como una pérdida de tiempo y dinero (solo se centran en la productividad), lo cual es un pensamiento erróneo, porque al capacitarte también estás capacitando a los líderes del futuro, estás abriendo puertas y logrando delegar y empoderar con confianza.

Si continúas creciendo y desarrollando nuevas estrategias de negocio para expandir tus productos o servicios, pronto incluirás el Plan de Capacitación en tu Plan Operativo Anual. Este plan debe ser integral, no sólo con el propósito de desarrollar habilidades duras o técnicas, sino también desarrollar habilidades blandas (*soft skills*), que son las que formarán a los líderes, además de incluir charlas motivacionales y actividades de integración de equipos.

A modo de ejemplo, veamos qué situaciones nos podemos encontrar en una empresa que empodera y delega y en otra que no:

Empresa A

Es una empresa unipersonal sin cultura organizacional, que se basa únicamente en las decisiones que toma el jefe, donde los empleados trabajan en islas separadas para ver quién termina primero su tarea del día, donde hay una búsqueda exhaustiva de quién tiene la culpa cuando algo falla, mucha burocracia y poca o ninguna toma de decisiones si el jefe no está.

En los últimos meses, la empresa A ha tenido una alta rotación laboral, los empleados cuentan las horas para irse, están desmotivados, la productividad bajó un 50% y los clientes perciben que algo pasa en su interior, porque se refleja en la calidad de sus productos, servicios y trato directo con los mismos.

Empresa B

Es una empresa creada en 1985 que, desde su fundación, aún continúa desarrollando e implementando la cultura organizacional creada por el líder. En ella, se percibe un ambiente de sinergia y colaboración, donde trabajan en equipo para lograr objetivos comunes, donde todos ponen de su parte para dar su mejor esfuerzo.

Esta empresa tiene la costumbre de realizar reuniones semanales para evaluar procesos y que los colaboradores (el mejor termómetro de la organización) aporten sus ideas para mejorar lo que no funciona.

También, se ha preocupado por llevar a cabo el Plan de Capacitación Anual y cumplirlo a cabalidad, están programados para tomar ese valioso tiempo para capacitar a sus colaboradores tanto en la parte técnica como en la parte de habilidades blandas (*soft skills*), para formar su liderazgo de largo plazo. Esto hace que el líder de la empresa se sienta aún más seguro para empoderar a sus colaboradores y delegar tareas de manera equitativa. Se ha considerado líder en el mercado y ya se ha expandido internacionalmente, pues al empoderar y delegar tuvo tiempo de pensar en nuevas ideas de negocios y alianzas para su crecimiento, y además se convirtió en una empresa Great Place To Work.

Como líder de una empresa, ¿cuál serías tú? Te lo dejo para que reflexiones.

Quiero concluir diciéndote que no sientas miedo de estas palabras, **Empoderar** y **Delegar**. Intégralas en tu vida diaria, en la empresa, en casa, en las escuelas, en fin, se pueden utilizar en diversos ámbitos, lo importante es el poder que tienen y, cuando las pongas en práctica, podrás ver grandes resultados.

Biografía
Alexandra Cenac

Alexandra es Especialista en Liderazgo y Proyección de Imagen Pública Positiva, con Licenciatura en Administración, con Maestría en Gerencia y Productividad y Maestría en Coaching Personal y Psicología Holística. Es Coach Ejecutiva y de Vida e Instructora en Técnicas Efectivas de Liderazgo y Programación Neurolingüística.

Cuenta con más de 14 años de experiencia en manejo de clientes, funciones administrativas y gerenciales. También, es Consultora empresarial, Facilitadora, Docente Universitaria en temas relacionados con Liderazgo y Trabajo en Equipo, Inteligencia Emocional, Capital Humano, Cultura Organizacional, Desarrollo de Negocios, Modelos de Negocios Descriptivos, Intervenciones individuales y grupales.

Posee amplia experiencia en desarrollo de proyectos, organización de eventos empresariales y gestión de registro en entidades reguladas a nivel gubernamental y en firma internacional. Ha desarrollado una Marca personal a partir de la cual ayuda a las empresas a potenciar su liderazgo, fomentar el trabajo en equipo, y proyectar una imagen pública positiva, ofreciendo los servicios que se detallan a continuación:

- Consultoría en Liderazgo
- Actividades de Integración
- Metodología Liderazgo 360
- Evaluación a colaboradores

- Evaluación de clima laboral
- Asesoría Líder emprendedor
- Sesiones de Coaching ejecutivo
- Sesiones de Coaching empresarial
- Matriz de Liderazgo
- Charlas Motivacionales

Contacto

- **LinkedIn:** Alexandra Cenac Castillo
- **Instagram:** @alexandracenac
- **Mail:** alexandracenac@gmail.com

Alfonso González
Consultor - Empresario - Speaker - Coach

UNA HISTORIA DE ÉXITO

Como consultor, siempre hablo desde la academia y la experiencia profesional, hoy tengo la oportunidad de compartir lo que sucede en un ambiente de negocios familiar, porque lo viví en carne propia con un emprendimiento familiar.

No me puedo ampliar mucho en el tema por falta de líneas para comentar todas las dificultades que enfrentamos, quizás en una segunda entrega pueda hacerlo. Lo que se me ocurre es narrar lo que hicimos de manera secuencial donde conecto simultáneamente cada actividad con la parte del negocio que corresponde a la parte administrativa y financiera, porque al final este libro habla de negocios.

Y como dicen los españoles: *"vamos a por ello".*

La familia

En las empresas familiares, la familia es el motor que impulsa el negocio, pero también lo frena, cuando las reglas no están claras para todos.

Lo anterior es importante y te garantiza que tu sueño de iniciar un negocio no se convierta en una pesadilla.

El producto

Cuando hayas definido la idea del producto o servicio, inmediatamente debes plantearte las siguientes preguntas:

- *¿Qué producto o servicio quiero vender?*

- *¿A quién le quiero vender?*

- *¿Quiénes son mis clientes potenciales?*

- *¿En qué mercado voy a competir?*

Define tu producto o servicio desde el principio.

La marca

Es crucial que definas cuál será la marca de tu producto, o el nombre de tu empresa.

Si no tienes del todo claro cómo hacerlo, elige uno que te inspire. Nosotros elegimos un nombre que propuso mi esposa, tiene las dos letras iniciales de los nombres de mis padres. Definitivamente es un nombre que nos inspira.

Adicionalmente, considera que debes registrar la marca o nombre de tu producto o firma comercial y debe ser diferente a los que ya existen en el mercado. Recuerda: *Los que no te conocen, no te compran.*

Persona moral

Es importante contar con el apoyo de un abogado que te ayude a realizar todos los trámites legales, desde registrar una marca hasta formalizar la constitución de la empresa (en caso de que sea una persona moral). En mi caso, nuestra empresa familiar es una sociedad bajo el régimen de persona jurídica.

El modelo de negocio

Es indispensable que hagas un ejercicio para establecer cuál será tu modelo de negocio. Tienes que definir tu propuesta de valor, porque ésta será el diferenciador que te permitirá competir en el mercado. Puedes usar la herramienta BUSINESS MODEL CANVAS.

A nosotros nos funcionó muy bien hacer el ejercicio, nos permitió identificar cuál sería nuestro el modelo de negocio y cuál sería nuestra propuesta de valor.

Tener un diferenciador en tu producto o servicio es clave.

Conoce tu mercado

Recuerda que, si tienes un producto y quieres venderlo, debes tener en cuenta que no eres el único, hay muchos que tienen un producto similar al tuyo, hay otros competidores que están antes que tú.

Es importante que conozcas tu mercado, quiénes son tus competidores, quiénes son tus clientes, cuál es el potencial que tiene el mercado.

En mi caso, identificamos nuestro mercado y nuestro nicho de clientes desde el principio.

El pronóstico de ventas

Una vez que hayas realizado los pasos anteriores, ahora estás en condiciones de realizar la proyección de ventas. Ahora, define cuánto y cómo quieres vender.

Identifica cuáles serán tus canales de venta respondiendo estas preguntas:

- *¿Venta directa al consumidor?*

- *¿Con una fuerza de ventas?*

- *¿A través de distribuidores?*

- *¿A través de puntos de venta?*

- *¿Ventas en línea?*

- *¿Casa por casa?*

No se trata de hacer proyecciones numéricas de ventas sin base, es necesario tener claro cómo llegar al mercado y cuánto producto vender, definiendo qué canal es mejor.

En mi caso, hicimos una proyección de cuántos servicios podríamos hacer mensualmente con cada cliente.

El presupuesto

Una vez que definas cuánto quieres vender y, sabiendo

tus márgenes de ganancia (la diferencia entre lo que vendes y lo que compras), debes estimar cuánto te costará la operación comercial.

Debes cuidar cada centavo a la hora de realizar el presupuesto. Te ayudará mucho separar los gastos en dos conceptos:

- *Gastos fijos*

- *Gastos variables*

Además, encuentra el punto de equilibrio inicial y realiza tu corrida financiera para determinar cuánto deseas ganar.

Desde el principio hicimos y seguimos haciendo nuestro presupuesto operativo mes a mes para conocer la utilidad esperada.

El flujo de caja operativo

Es fundamental que, una vez finalizado el presupuesto, realices la proyección de tu flujo de caja. Este ejercicio te dará seguridad económica para operar el negocio. Como dicen los comerciantes: *"Es importante saber cuánto tengo, cuánto debo y cuánto me queda"*.

Recuerda: *Una venta no se considera realizada hasta que se cobra.*

Fuentes de financiamiento

Una vez hecha la tarea anterior, vienen dos preguntas clave:

- *¿De dónde saldrá el dinero para emprender el negocio?*

- *¿De dónde se obtendrá el financiamiento para mi operación, en caso de que lo necesite?*

Cuando inicias un negocio, debes considerar cuánto se necesita para iniciarlo, esta parte es clave, porque sin capital no se puede hacer un negocio, aunque algunos dicen que sí.

Lo primero que hay que hacer es identificar dónde puedes obtener financiamiento. Las alternativas son:

- *Capital propio*

- *Préstamos de una institución*

- *Invitar a un inversor*

Lo segundo es hacer lo mismo para el financiamiento necesario durante la operación, aquí se considera que el uso de estos recursos es intermitente, todo depende de los flujos de caja.

En mi caso, empezamos con capital propio sin deuda.

Estructura

Es necesario contar con el personal mínimo que la empresa necesita para operar, al inicio es probable que no haya recursos para hacerlo y será necesario actuar como un solo hombre orquesta.

Lo ideal es que tan pronto como puedas lo hagas, esto permitirá que tu negocio crezca más rápido, porque tendrás más tiempo para vender.

En mi caso, empezamos con cuatro familiares y actualmente contamos con 4 colaboradores.

Control

De inicio, es fundamental que tengas un sistema administrativo para gestionar las ventas y la cobranza. Es una forma muy sencilla y básica para que tengas el control de tu operación.

En mi caso, adquirimos un sistema de facturación específico según el giro de negocio, el cual permite llevar un seguimiento de las cuentas por cobrar.

Recuerda: *El flujo de caja en la empresa es como oxígeno para el cerebro.*

Filosofía corporativa

Define esto cuando consideres que es el momento adecuado, es aquí donde entran los postulados filosóficos que le darán identidad propia al emprendimiento. Esta filosofía representa el ADN de la empresa, debes compartirla con tus colaboradores para que se identifiquen con ella.

En mi caso, acabamos de tener nuestra primera reunión con el equipo después de dos años de operación y les presentamos nuestra filosofía corporativa.

Conclusión

Espero que lo anterior te sea de utilidad, en caso de que decidas emprender un negocio, lo que te puedo decir en conclusión es que, en nuestro negocio familiar, seguimos paso a paso cada uno de los puntos anteriores y nos funcionó.

La empresa tiene dos años de operación y seguimos generando buenas prácticas para mejorar lo que hemos hecho.

No es fácil de hacer, pero es más fácil cuando ya sabes qué hacer.

Y recuerda: *"Lo primero es vender".*

Biografía
Alfonso González

- Contador Público Titulado con especialidad en Auditoría por la Universidad de Guadalajara.

- Docente en la Universidad EBC.

- Director de la firma de Consultoría AGestrategias.

- Consultor de Empresas en temas de Estructura de Negocios, Estrategia Comercial y Planeación Estratégica y Financiera.

- Instructor de Programas de Formación Gerencial de la Universidad del Valle de Atemajac.

- Consejero Certificado en Empresas Familiares y Gobierno Corporativo por el Instituto Mexicano de Mejores Prácticas.

- Consultor de Empresas Certificado por la institución Conocer.

- Conferencista en temas empresariales en diferentes foros Universitarios y Cámaras Empresariales.

- Coach de negocios Certificado.

Contacto

- **LinkedIn:** Alfonso González

Hagamos Negocios Rentables

Benjamín Bocanegra
Consultor del Comportamiento Humano especializado en Empresas

EMOTIONSET ORGANIZACIONAL

Más allá del Mindset

Proveniente del vocablo en inglés *"mind"* (que significa "mente"), se le llama *Mindset* al conjunto de creencias que determinan cómo percibimos el mundo y a nosotros mismos. Y de la forma en que dicha apreciación influye en cómo interpretamos los retos, las oportunidades, los fracasos y los éxitos.

El *Mindset* tiene una base racional que afirma que el pensamiento lógico es el adecuado para tomar decisiones. Una premisa es que la presencia de emociones "nublan" el pensamiento y el juicio. Sin embargo, integrando las emociones podemos tener mayor claridad y seguridad al momento de actuar.

El error de Descartes

En su libro, *El error de Descartes: la emoción, la razón y el cerebro humano* (Damasio, 1994), el neurocientífico António Damásio argumenta que el filósofo René Descartes cometió un error fundamental al separar la mente del cuerpo.

Descartes, en su famosa frase: *"Pienso, luego existo"*, sostenía que la razón pura era la base del conocimiento y que las emociones eran meras perturbaciones irracionales. Esto tiene graves consecuencias para nuestra comprensión de la naturaleza humana. Al separar la mente del cuerpo, Descartes ignora el papel crucial que desempeñan las emociones y el cuerpo en el pensamiento crítico.

Damásio propone que las emociones y el cuerpo son una sola pieza esencial para el pensamiento racional. Argumenta que las emociones nos proporcionan información crucial sobre el mundo que nos rodea y nos ayudan a la solución de conflictos.

Una perspectiva humanista

En su libro, *Emociones, sentimientos y necesidades, una aproximación humanista* (Muñoz Polit, 2009), la fundadora del Instituto Humanista de Psicoterapia Gestalt, Myriam Muñoz Polit, propone estrategias para abordar las emociones de manera funcional y constructiva.

¿Para qué sentimos?

Muñoz Polit explica que la **MATEA** (palabra creada con la primera letra de cada una de las cinco emociones primarias) es una visión humanista que explica como cada emoción es funcional y obligatoria para atender las necesidades:

- **Miedo:** Surge ante una amenaza o peligro en el entorno. Su función es proteger y evitar situaciones dañinas.

- **Amor:** Relacionado al afecto, el cariño y la empatía. Su función es incrementar las relaciones interpersonales para fortalecer los vínculos.

- **Tristeza:** Asociada a la pérdida, la carencia y la vulnerabilidad. Su función es conectar hacia el interior, procesar las experiencias de duelo, buscar apoyo y la reconstrucción.

- **Enojo:** Se activa ante una violación de los límites, los acuerdos y las expectativas. Su función es impulsar al logro de objetivos y defender la integridad.

- **Alegría:** Es muy agradable y brota al satisfacer alguna necesidad. Su función es producir vitalidad y energía para alcanzar las metas.

Emoción	Propósito	Funcional	Disfuncional
Miedo	Protección / Seguridad	Fortaleza y seguridad	Ansiedad, pánico, paranoia, inactividad
Amor	Vinculación / Relación	Autoestima y valoración	Codependencia, minusvalía y vergüenza
Tristeza	Contacto interno / Atención a lo privado	Atención a necesidades y responsabilidades	Desplome, depresión y agotamiento
Enojo	Manejo de los límites	Claridad y confianza	Agresión, violencia y resentimiento
Alegría	Gozo / Motivación	Propósito y gozo	Manías, euforias y desconexión de la realidad

Reconocer, comprender, y gestionar las emociones incrementa el bienestar individual, fortalece las relaciones interpersonales, por ende, mejora la toma de decisiones.

¿Qué nos enseñan las emociones en la empresa?

Todas las emociones tienen un propósito funcional, cada una establece un área de oportunidad en la configuración de la planeación estratégica de la empresa, ubicando la matriz de Fuerzas, Oportunidades, Debilidades y Amenazas (FODA).

Emoción	Función	Matriz FODA
Miedo	Protección / Seguridad	Amenazas
Amor	Vinculación / Relación	
Tristeza	Contacto interno / Atención a lo privado	Debilidades
Enojo	Manejo de los límites y los acuerdos	Fortalezas
Alegría	Gozo / Motivación	Oportunidades

En cada impacto emocional, existe una guía para identificar y abrir los ojos a una necesidad concreta. Por lo tanto, la toma de decisiones estará orientada a resolver las carencias de la empresa.

El gran incomprendido

El enojo es una emoción rechazada, difícil y cotidiana que muchas veces se experimenta de manera disfuncional. ¿Qué ocurre cuando una persona cruza un límite? ¿Cuándo no cumple con un acuerdo? ¿Qué pasa cuando una persona se toma atribuciones que no le corresponden? ¿Cuándo traiciona la confianza? El enojo se hace presente.

Importante:

• Enojo y agresión no es lo mismo.

• Enojo y violencia no es lo mismo.

• Experimentar enojo no es un llamado a amenazar, golpear, insultar, lastimar o violentar.

Un día normal

• *"¿Quién autorizó esa salida de almacén? ¡Nadie puede autorizar esos movimientos!"*

• *"¿Por qué aún no sale el pedido? ¡Ese pedido debió salir ayer!"*

• *"Tus ventas están muy bajas, ¡tienes que vender más!"*

• *"Los de marketing no saben nada, ellos deberían de cambiar su estrategia".*

El enojo se traduce a eventos en los que alguien no hizo lo que "tenía o debía" de hacer. Cuando no se siguieron indicaciones, cuando algún acuerdo se rompió, o cuando no se cumplieron las expectativas, es decir, situaciones donde no ocurrió algo que se supone que debería de haber sucedido.

El enojo es el indicador de que no existen límites, métricas, reglas, políticas, procesos o procedimientos. O que no están siendo claros para los colaboradores de la organización. Es una advertencia de que existen reglas que son "obvias", pero que no están por escrito. Y la solución está en clarificar la operación y las consecuencias (positivas y negativas) de las acciones de los colaboradores.

Revisemos:

- ¿Qué tan conscientes y por escrito están las reglas del negocio?

- ¿Los procesos, procedimientos y políticas están claros para todos los miembros?

- ¿Los colaboradores conocen cómo serán calificados y cómo será medido el cumplimiento de su trabajo?

- ¿Los empleados están al tanto de sus indicadores, de cómo serán evaluados para posibles ascensos?

El enojo será un aviso de que no hay claridad en los KPI's de operación (*Key Performance Indicators*).

¿Cuál es el siguiente paso?

Cuando el enojo se haga presente, será fundamental identificar qué es lo que no se está cumpliendo. Se abrirá una oportunidad para crear, desarrollar o difundir los lineamientos de operación de la empresa.

Guía ante el impacto emocional del enojo:

1. Identificar el motivo del enojo. Es la posibilidad de clarificar la situación y sumar tanto esfuerzos como personas para resolver lo que esté ocurriendo.

2. Debido a que "algo" no ocurrió como "debía o tenía" que suceder. Se requiere confirmar que todos los involucrados tengan claridad en el proceso y cómo participan en el mismo.

3. Más allá de las personas involucradas, enfocarse en atender lo que no se hizo de la manera correcta, es poner toda la atención a resolver el problema.

4. Hay que reconocer que no existen protocolos claros o por escrito. Será necesario crearlos, mejorarlos o difundirlos como mecanismos de medición del desempeño.

5. El aprendizaje que da el enojo es, que se pueden construir negocios cada vez más sólidos, claros y con indicadores de desempeño para escalar la empresa.

Epílogo

Integrar todas las emociones en el trabajo trasformará el *Emotionset Organizacional* para construir grandes negocios rentables.

Bibliografía

- Damasio, A. (1994). *El error de Descartes: la emoción, la razón y el cerebro humano.* New York: Putnam.

- Muñoz Polit, M. (2009). *Emociones, sentimientos y necesidades, una aproximación humanista.* México: IDEAZAPATO - ARAUCARIA.

Biografía
Benjamín Bocanegra

Benjamín es Consultor del Comportamiento Humano especializado en Empresas. Es Maestro en Gestalt por el Instituto Humanista de Psicoterapia Gestalt. Imparte consulta privada de terapia a jóvenes, adultos y parejas. Experto en el Eneagrama de la Personalidad para el desarrollo personal, de parejas y corporativamente para equipos de trabajo. Reconocido como *"Agente de Cambio"* en 2019 por su calidad profesional y humana a favor del bienestar comunitario.

Titulado por excelencia académica de la licenciatura en Informática Administrativa. Participó con éxito en el programa de televisión Shark Tank México, siendo socio de una empresa creativa. Es colaborador asociado en *Wild Entrepreneur* y miembro de la Red de Impacto en Latinoamérica. Ganador de concursos de oratoria y mentor de *speakers*. Miembro de la comunidad *Toastmasters International* y de la Cámara Internacional de Conferencistas.

Desarrolló el entrenamiento *"Más allá de los emojis"* para hablar en público, eliminar el miedo, y desarrollar estructura en la comunicación. Creador de la técnica avanzada de variedad vocal *"Alquimia de tu voz"*. Conductor del programa de radio por Internet *"Personas Imparables"*. Creador de la metodología *"Emotionset"* para mejorar las habilidades blandas (*soft skills*) del equipo de trabajo e incrementar la productividad empresarial (es un proceso de *Team Building* que incorpora tanto la personalidad como las emociones de los colaboradores).

Promotor del programa *"Personas Imparables"*, que propone que *"El objetivo en la vida no es ser infalible, el objetivo es ser imparable"*.

Contacto

- **LinkedIn:** Benja Bocanegra
- **Instagram:** @_benjabocanegra
- **Mail:** benjamin@personasimparables.com

Cnidia de la Cruz Reséndiz
**Directora General y Ejecutiva de Marketing
con más de 15 años de experiencia**

INTERSOMOS: EL MISTERIO DE LAS COINCIDENCIAS Y CONEXIONES HUMANAS

"Podría contar mi vida uniendo casualidades", reflexiona Otto en la película, Los Amantes del Círculo Polar. Esta frase, cargada de poesía y misterio, me llevó a reflexionar sobre las coincidencias que han entrelazado mi vida, creando un tapiz de conexiones humanas que trascienden el tiempo y el espacio.

¿Cuántas veces experimentamos sincronicidades inexplicables o momentos de *déjà vu* que nos hacen cuestionar la naturaleza de la realidad?

Las coincidencias son esos sucesos aparentemente azarosos que nos sorprenden y nos hacen sentir parte de algo más grande que nosotros mismos. Pueden ser pequeñas casualidades, como encontrarnos con un viejo amigo en un lugar inesperado, o grandes sincronicidades, como conocer a la persona que expandirá nuestra consciencia, justo cuando más lo necesitamos.

A lo largo de la historia, las coincidencias han sido objeto de fascinación y debate. Algunos las atribuyen al azar, mientras que otros ven en ellas un significado más profundo, una señal del universo o una manifestación del inconsciente colectivo. Sea cual sea nuestra interpretación, lo cierto es que las coincidencias nos conectan con los demás seres vivos y nos hacen sentir parte de un todo interconectado.

El psiquiatra suizo Carl Jung acuñó el término *"sincronicidad"* para describir la ocurrencia simultánea de dos o más eventos que no están causalmente relacionados, pero que tienen un significado para la persona que los experimenta. Jung creía que la sincronicidad era una manifestación de la unidad subyacente del universo, una conexión profunda entre la mente y la materia, donde las coincidencias no son casualidades, sino que tienen un propósito y un significado en nuestras vidas. Pueden ser señales que nos guían hacia nuestro verdadero camino, mensajes que nos ayudan a tomar decisiones importantes o encuentros que nos conectan con personas clave en nuestro destino.

El amor, en todas sus formas, es la energía que mueve al mundo mediante un hilo invisible que teje las conexiones humanas. Es la fuerza que nos impulsa a buscar a otros, a compartir nuestras vidas, y a construir relaciones significativas. Las coincidencias, en muchos casos, son manifestaciones de amor que persiguen la interconexión. Pueden tener un impacto profundo en nuestras vidas, llevándonos por caminos inesperados y abriendo puertas que nunca imaginamos. También pueden ser el catalizador de un cambio importante, el inicio de una nueva relación personal o profesional, o el descubrimiento de una faceta de nuestra vida que desconocíamos y nos llevará a un nuevo lugar. Nos recuerdan que la vida está llena de sorpresas y que puede manifestarse de las formas más inesperadas. Nos animan a estar receptivos y expectantes, a confiar en nuestra intuición, y a seguir el flujo de la vida que, si estamos dispuestos a verlo así, nos permitirá experimentar en los lugares y con las personas que permitirán nuestro crecimiento y evolución.

En lugar de descartar las coincidencias como casualidades, he comprobado que abrazarlas como oportunidades para el crecimiento personal y la conexión humana me llena de gratitud. Dentro de nosotros, tenemos un poco de todo lo que vemos afuera, porque *intersomos*, y esto nos ayuda a cultivar una actitud de apertura y curiosidad hacia lo desconocido, a apreciar la belleza y el misterio de la vida, y a encontrar nuestro lugar en el gran tapiz de la existencia.

En cada encuentro fortuito, un destello de amor nos recuerda que estamos conectados, que intersomos.

Las conexiones más profundas y significativas que he experimentado se las debo a mi familia: a mi madre, padre y hermano, quienes confiaron y creyeron en mí desde niña. Su apoyo incondicional me brindó la seguridad necesaria para crecer fuerte. Ahora, al ver el mundo a través de los ojos de mi hijo de 7 años, deseo para él esa misma fortaleza para que pueda establecer conexiones

de todo tipo, entendiendo la importancia de interrelacionarse con los demás y maravillarse con las oportunidades de crecimiento interior y contribución al mundo que la vida le presente, preservando siempre la paz y buscando dejar un legado positivo.

El amor y la confianza que recibí de mi familia fueron el cimiento de mi desarrollo personal. Me permitieron explorar mis pasiones, enfrentar mis miedos, y descubrir mi propio camino. Hoy, como madre, comprendo la importancia de brindar ese mismo apoyo a mi hijo, para que pueda construir relaciones significativas, aprender de los demás, y encontrar su lugar en el mundo, con el acompañamiento que requiera, ya que la familia, con la estructura que sea, es el primer espacio donde experimentamos la interconexión humana, donde aprendemos a amar, a compartir, y a crecer juntos, donde se forjan los valores, las creencias y las habilidades que nos acompañarán a lo largo de nuestra vida. En un mundo cada vez más individualista y competitivo, es fundamental recordar la importancia de las conexiones humanas y el poder transformador del amor. Al cultivar relaciones significativas, podemos crear un mundo más compasivo, solidario y sostenible, donde cada persona pueda florecer y alcanzar su máximo potencial.

Estar escribiendo estas líneas el día de hoy es gracias a la extraordinaria coincidencia que tuve de conectar en la hora, día, mes y año precisos para colaborar en una investigación de mercados. Fue la primera que realicé como egresada de la Licenciatura de Mercadotecnia y la que me animó a continuar con más. Gracias a una persona que conocí por LinkedIn, quien ahora me invitó a este proyecto que compartimos juntos.

Y así, podría seguir mi vida uniendo los puntos en los días exactos, con las personas precisas que han hecho mi red profesional, laboral, amistosa y de apoyo para ser quien soy, porque definitivamente mi historia sería distinta si no estuvieran en ella todas las personas que me han permitido *interser*, coincidir, y aprender.

Interser es más que coincidir; es entrelazarnos en la existencia, reconocer que somos parte de un todo, y que nuestra individualidad se enriquece en el encuentro con el otro. Es comprender que cada interacción, por fugaz que parezca, puede tener un impacto profundo en nuestras vidas y en las de quienes nos rodean.

Interser y coincidir son los recordatorios constantes de que no estamos solos en este viaje, que somos parte de una red invisible de voluntades que se entrelazan, se nutren, y se transforman mutuamente. Es la magia de la vida, manifestándose en cada encuentro, en cada sonrisa compartida y en cada lección aprendida.

Biografía
Cnidia de la Cruz Reséndiz

Directora General, Directora de Marketing y Relaciones Públicas.

Con más de 15 años de experiencia, es una líder estratégica en *marketing* y desarrollo de negocios, especializada en brindar soluciones innovadoras a micro, pequeñas y medianas empresas (PyMEs) en México y Latinoamérica.

Su trayectoria incluye la dirección general de Coparmex Querétaro, donde creó y lideró exitosos programas de capacitación y eventos a gran escala para fomentar el networking y promover alianzas comerciales, impulsando así la economía local.

Como delegada de México por IILA, colaboró en proyectos internacionales enfocados en la igualdad de oportunidades y el fortalecimiento económico, participando en una pasantía en un organismo empresarial italiano, diplomados y foros de PyMEs.

Actualmente es socia fundadora de Transformatio, una innovadora plataforma de aprendizaje en línea que promueve la cultura EdTech.

Cuenta con una sólida formación académica, que incluye una maestría en alta dirección con especialidad en capital humano, así como diplomados en liderazgo, desarrollo personal, *neuromarketing* e inteligencia de mercados. Además, ha participado en programas académicos y proyectos especiales en Uruguay, Italia, Costa Rica y Estados Unidos, ampliando su perspectiva y conocimientos en diversas áreas.

Es una apasionada del aprendizaje continuo, de la inteligencia de mercados, *endomarketing* y capital social. Su objetivo es comprender el comportamiento humano para potenciar el desarrollo personal y profesional, creando entornos exitosos que impulsen la economía del conocimiento y generen conexiones significativas.

Contacto

- **LinkedIn:** Cnidia de la Cruz Reséndiz

- **Mail:** cnidia.delacr@gmail.com
  cnidia@somostransformatio.com

Hagamos Negocios Rentables

**15 COAUTORES
INTERNACIONALES**

Eli Hernández

Coach, Instructora y Diseñadora Instruccional

LA DECONSTRUCCIÓN DEL LÍDER: RESILIENCIA AL 100%

En más de 15 años dedicándome a la facilitación, he tenido la oportunidad de conocer a muchos líderes, cada uno con una necesidad de aprendizaje o reflexión diferente. Pero encuentro un tema para el que las estrategias didácticas no nos preparan: los momentos de crisis.

Recuerdo como si fuera ayer que, un sábado donde abordé el tema *"Gestión de Proyectos"* como parte de un Diplomado en Habilidades Directivas, todo parecía ir bien, el *coffee break* puesto, el proyector funcionando, los estudiantes (todos jefes y expertos en su zona) llegando, todo "normal".

Observé a quien llamaremos "Pablo", con una mirada diferente, como si le hubieran dicho que estaba a punto de perderlo todo. Me acerqué a preguntarle: *"¿Todo bien?"* Me respondió muy serio: *"Sí, gracias".* El proceso de enseñanza-aprendizaje es muy injusto en ese sentido, te muestra las vulnerabilidades de tus estudiantes y expone descaradamente las tuyas. Por eso, siempre he pensado que la facilitación es sólo para valientes.

Empecé el curso y, después de 20 minutos, apliqué una dinámica. "Pablo" aprovechó para acercarse a mí mientras todos trabajaban y me dijo: *"¿Puedo hablar contigo?".* Por supuesto que estuve de acuerdo. Pablo tuvo la amabilidad de contarme que, antes de salir de su casa, su todavía esposa le había pedido el divorcio. Además, le dijo que cuando regresara del curso ella y sus hijos ya no estarían.

Un punto de quiebre para cualquiera. Un duro golpe a quien

consideraba toda su familia. El juego del éxito profesional es así, de repente el tiempo, el estrés, los retos y las oportunidades nos obligan a seguir, a pesar de tener un problema mayor o menor.

¿Será prudente continuar al 100% cuando tu vida personal esté al menos al 50%?

Comparto con ustedes mi propia experiencia y aprendizajes. Hace 2 años, tuve una situación personal que me permitió desarrollar resiliencia, compromiso conmigo misma y una gran esperanza de que no todo permaneciera ni se estancara.

¿Qué me permitió llegar a ese aprendizaje? Muy sencillo: LA DECONSTRUCCIÓN.

Pensemos en el proceso de construcción de una casa: materiales, ladrillos, pisos, ventanas, puertas. ¿Y qué si te dijeran que necesitas derribar la casa completa, porque uno de los cuartos tiene polillas? La primera pregunta sería: *"¿TODA LA CASA?"* ¡En serio! Y yo te diría con mucho gusto: *"Sí, ¡toda!"*

Lo mismo sucede cuando una persona, líder de su destino, tiene una crisis en su vida: lo que estaba establecido "se cae", los amigos que no eran amigos se distanciarán, la salud cambiará y, sí, será necesario desechar las creencias limitantes y construir nuevas rutinas.

¿Cuáles son los procesos que dan pie a una "deconstrucción personal"?

La muerte de un ser querido, el fin de un ciclo laboral, un divorcio, la pérdida de bienes familiares, una ruptura amorosa o familiar, el deterioro de la salud física o emocional, por mencionar algunos.

Las creencias limitantes que suelen acompañar estos procesos pueden ser: *"Esto no ha terminado"*, *"¿Qué dirán de mí?"*, *"¿Cómo voy a seguir sin eso en mi vida?"*, entre muchas más.

Y la vida profesional no espera, las facturas seguirán llegando, y será necesario cubrir las necesidades básicas. Pero te invito a pensar, *¿realmente crees que has dejado de ser líder?*

Te voy a responder: No has dejado de ser líder y tampoco has perdido tus fortalezas. Es simplemente un momento para "deshacerse" del viejo yo y construir "un nuevo yo", este proceso en el desarrollo humano se llama deconstrucción.

¿Qué hay que renovar en una situación de este tipo?

Personalidad, hábitos, creencias, experiencia, pero sobre todo la forma de ver y disfrutar plenamente cada momento del día. Comparto con ustedes las *7 etapas de la deconstrucción* desde mi perspectiva:

1. **Afrontemos juntos esta realidad:** lo que temías que pasaría, ya pasó. La buena noticia es que no estás solo, si eres líder en este momento tendrás una red de apoyo, terapia, médico y acompañamiento espiritual acorde a tus creencias, todo sumará, todo te ayudará.

2. **Sí (desafortunadamente), es un proceso. Va por fases:** primero, tienes que aceptarlo; luego, te harás cargo con tus recursos, dejando lo más lejos posible las decisiones viscerales; y al final, harás lo que puedas con lo que tienes. No hay procesos difíciles, hay simplemente procesos, y pasarás por cada etapa con una victoria personal, a veces

la victoria se llamará: *"Me levanté de la cama y me arreglé el día de hoy"*, otras veces la victoria será contundente: *"Retomé mi emprendimiento"*, pero cada mañana siempre te estará esperando una victoria.

3. **Habrá momentos de culpa.** Uno de mis maestros decía que el trabajo en una relación es siempre el más consciente, pero creo que se quedó corto: *El trabajo de existir y persistir* es siempre el más consciente. A partir de lo aprendido y vivido comenzará una letanía que suena así: *"Si tan solo tuviera..."*, y la realidad es que pasó como tenía que pasar. Nadie está preparado para un tsunami, incluso los refugios subterráneos tienen recursos limitados. Así que no había manera de prepararte para quitarte la venda de los ojos, para mostrarte cómo vas cayendo en pedazos sin más remedio que recogerlos uno por uno... Así que, por favor, cuando lleguen esos momentos de: *"Si tan solo..."*, recuerda que, en tu dignidad como ser humano, ni tú ni nadie merece instalarse en un pedacito de pasado o presente llamado **culpa**. Es un juego muy peligroso donde nadie gana.

4. **Auto-perdón.** Habrá un momento para decirte que lo sientes mucho, que haberte expuesto a una situación como la que viviste, desde tu porcentaje de responsabilidad (sea del 1%, 10%, 50% o 100%), fue una decisión personal. Pero déjame recordarte que la experiencia sólo se gana así. Perdónate por lo que esta experiencia te permitió ver sobre ti mismo y sigue adelante.

5. **Hacerse cargo.** ¿Qué es lo siguiente que hay que hacer? Buscar un doctor, una nueva casa, un nuevo trabajo, cerrar amorosamente el ciclo con una relación, etc. ¡Manos a la obra!

6. **Agradecer.** Todo, lo bueno y lo maravilloso, lo triste, los que se

quedaron, los que se fueron de este lugar, lo que se tiene que ir. Todo. Con amor, le decimos adiós; con amor, lo recordamos.

7. **Resurrección:** En este punto, hay una nueva versión de ti, más sabia, más asertiva, con mejores capacidades. Es momento de disfrutar de la calma de haber vivido cada situación.

Para concluir, te sugiero estas *3 herramientas de apoyo para el cierre de tu DECONSTRUCCIÓN*:

- *Un vision board o tablero de imágenes (puedes hacerlo electrónico).* Divídelo en 4 áreas: Profesional, Personal, Espiritual y Trascendente, y luego llena cada zona con imágenes de sueños y proyectos que tengas para el año siguiente.

- *Plan de vida y carrera.* ¿Adónde vas? ¿Qué te gustaría emprender? ¿Dónde te gustaría trabajar? ¿Qué necesitas aprender para desarrollar esos proyectos guardados? Hay muchos formatos para esto, te invito a crear tu propio caso de éxito.

- *Diario personal (journaling) por semana.* Toma una libreta y escribe al final de cada día todo lo sucedido: dudas, preguntas, planes, ¡todo! Sólo existen tú y esa libreta... Al final de cada semana, tómate un tiempo para recolectar tus aprendizajes. La escritura tiene el poder de sanar, no la desperdicies.

¿Te parece bien si deconstruyes al líder?

Biografía
Eli Hernández

Eli Hernández es hija, hermana, esposa y madre. Ha colaborado como líder en áreas de Marketing, Recursos Humanos y Docencia. Desde hace más de 10 años, se dedica a la facilitación de procesos de aprendizaje como instructora y diseñadora instruccional.

Ha escrito dos libros: *Mujer Empoderada* y *Paz en las tempestades*, donde ha plasmado sus aprendizajes de la Maestría en Desarrollo Humano. Es *coach*, con una vida espiritual activa, en este 2024 enfrenta el reto de ser líder de círculo de Impacto de *Lean In Networking Monterrey*. Entre sus planes se encuentran la creación de una ONG que se enfoque en el desarrollo profesional de mujeres y la publicación de 7 libros más. Puedes escucharla en el podcast *Coaching Para Todos Monterrey*. Entre los logros de su trayectoria como docente, se encuentra el haber impartido clases de cuarto año de primaria a maestría (sus alumnos suelen describirla como una mujer inquieta en constante transformación); ha realizado aportaciones en diversos programas que se distribuyen en redes sociales, entre ellos: *Vámonos que aquí espantan*. Su metodología en sesiones de *coaching* le ha permitido ver éxito profesional y personal en sus clientes, así como el crecimiento económico en las PyMES que asesora.

Contacto

- **LinkedIn:** Coach Eli Hernández
- **Instagram:** @gocoachingparatododosmonterrey
- **Mail:** elizabethhdz.tijerina@gmail.com

Hagamos Negocios Rentables

Enrique Acevedo
Ayudando a las personas y a las empresas
a ser mejores y más eficientes

VENTAS Y SERVICIO AL CLIENTE

En el entorno empresarial actual, es necesario utilizar herramientas, estrategias y enfoques innovadores que impulsen las ventas y generen un crecimiento sostenible, por lo que exploraremos *9 herramientas con sus respectivas estrategias* para ayudar a que tu negocio sea más rentable.

1. Marketing Digital

Para las empresas que quieren incrementar sus ventas y ampliar su alcance en el mercado, el marketing digital se ha convertido en un pilar fundamental.

Dentro del amplio espectro, destaco varias herramientas y estrategias clave:

- *SEO (Search Engine Optimization):* Optimiza tu sitio web y contenido para que aparezca en la parte superior de los resultados de búsqueda en Google y otros motores de búsqueda para atraer tráfico orgánico y clientes potenciales calificados.

- *Marketing de Contenidos:* Crea contenido relevante, valioso y atractivo para generar interés, educar a tus clientes potenciales, y establecer tu marca como una autoridad en tu industria.

- *Redes Sociales:* Facebook, Instagram, LinkedIn y X (antes Twitter) ofrecen oportunidades únicas para interactuar con tu audiencia, promocionar tus productos o servicios, y construir relaciones sólidas con tus clientes.

- *Publicidad Digital:* Google Ads, Facebook Ads, LinkedIn Ads y anuncios nativos te permiten llegar a tu público objetivo de forma directa y efectiva, aumentando así las posibilidades de conversión.

- *E-mail Marketing:* Aunque no lo creas, sigue siendo una poderosa herramienta para la comunicación directa con tus clientes, puedes enviarles ofertas personalizadas, *newsletters* informativos y contenido exclusivo.

2. CRM (Customer Relationship Management)

La gestión de las relaciones con los clientes es otro aspecto fundamental para incrementar las ventas y mejorar la rentabilidad de tu negocio.

Un sistema CRM eficaz te permite:

- Gestionar eficientemente la información de tus clientes, incluyendo información de contacto, historial de compras, preferencias y comentarios.

- Automatizar los procesos de ventas y seguimiento de *leads* para maximizar la eficiencia y cerrar más ventas.

- Personalizar la comunicación con tus clientes, ofreciendo un servicio más cercano y adaptado a sus necesidades y preferencias.

- Identificar oportunidades de ventas cruzadas (*cross-selling*) y adicionales (*upsellings*) al comprender mejor el comportamiento y las necesidades de tus clientes.

Algunas herramientas populares para CRM: Salesforce, HubSpot, Zoho CRM, Pipedrive.

3. Analítica de Datos

El análisis de datos desempeña un papel fundamental a la hora de tomar decisiones informadas y optimizar las estrategias de ventas. Al recopilar, analizar, e interpretar datos relevantes sobre el comportamiento de tus clientes, las tendencias de compra y el rendimiento de tus campañas de marketing, podrás:

- Identificar patrones de comportamiento de tus clientes, incluidos hábitos de compra, preferencias de productos y ciclo de vida del cliente.

- Evaluar el rendimiento de tus campañas de marketing, analizando métricas como tasas de conversión, ROI (*Return of Investment*), CAC (Costo de Adquisición del Cliente) y LTV (*Lifetime Value*).

- Tomar decisiones informadas sobre ajustes y mejoras en tus estrategias de ventas, publicidad, precios, productos y servicios.

Algunas herramientas populares para Analítica de Datos: Google Analytics, Hotjar, Kissmetrics, Mixpanel.

4. Automatización de Procesos

La automatización de procesos es una herramienta poderosa para aumentar la eficiencia, reducir los costos operativos, y mejorar la experiencia del cliente. Al automatizar tareas rutinarias y repetitivas, puedes:

- Agilizar procesos de ventas, como el seguimiento de *leads*, la calificación de clientes potenciales, la generación de cotizaciones y propuestas y el cierre de ventas.

- Personalizar la comunicación con tus clientes, enviando mensajes automatizados en función de su comportamiento, intereses y etapa del ciclo de compra.

- Optimizar la gestión de inventarios, controlando niveles de *stock*, reabastecimientos automáticos y notificaciones de productos agotados.

- Mejorar el servicio al cliente, proporcionando respuestas rápidas y automatizadas a consultas comunes, solicitudes de soporte técnico y seguimiento de pedidos.

Algunas herramientas populares para Automatizar Procesos: Zapier, Mailchimp, ActiveCampaign, Shopify.

5. Estrategias de Ventas

Estas juegan un papel crucial en la generación de ingresos y la rentabilidad de tu negocio. Al implementar estrategias de ventas efectivas, puede aumentar la conversión de leads en clientes, maximizar el valor de cada venta, y fomentar la lealtad de tus clientes.

- *Upselling:* Consiste en ofrecer a tus clientes productos o servicios adicionales de mayor valor con características *premium* o un servicio de soporte prioritario.

- *Cross-selling:* Implica ofrecer a tus clientes productos complementarios o relacionados con su compra inicial o servicios adicionales que complementen la solución que has vendido.

- *Venta Consultiva:* Comprende las necesidades y desafíos específicos de tus clientes para ofrecer soluciones personalizadas que abordan sus problemas de manera efectiva. Esto requiere un enfoque más consultivo y orientado al cliente, en lugar de simplemente vender un producto estándar.

- *Ofertas y Promociones:* Crea descuentos, paquetes y oportunidades especiales para fomentar las compras y aumentar el valor de cada transacción.

- *Programas de Lealtad:* Implementa dinámicas de fidelización y recompensas para clientes frecuentes, ofreciendo beneficios exclusivos, puntos acumulables y experiencias VIP.

- *Personalización:* Utiliza los datos de tus clientes para personalizar ofertas, recomendaciones de productos, comunicaciones y experiencias generales.

6. Capacitación y Desarrollo del Equipo de Ventas

Ambos elementos son claves para mejorar la eficiencia y eficacia en el cierre de ventas. Al invertir en ellos, podrás:

- Proporcionar a tus vendedores las herramientas, el conocimiento y las habilidades necesarias para comprender las necesidades de tus clientes, presentar soluciones efectivas, manejar objeciones, y cerrar ventas con éxito.

- Reforzar habilidades, como la escucha activa, la empatía, la comunicación efectiva, la negociación, la gestión del tiempo y la gestión de las relaciones con los clientes.

- Llevar a cabo sesiones periódicas de capacitación, *workshops*, seminarios y programas de mentoría para fomentar el aprendizaje continuo y el crecimiento profesional de tu equipo.

Algunas áreas fundamentales de Capacitación y Desarrollo del Equipo de Ventas:

- *Conocimiento del Producto* (Características, beneficios, casos de uso y diferenciadores competitivos).

- *Habilidades de Ventas* (Prospección y calificación de *leads*, presentación de propuestas, gestión de objeciones y negociación).

- *Tecnología y Herramientas* (Sistemas CRM, herramientas de automatización, *software* de seguimiento de *leads* y plataformas de ventas en línea).

- *Comunicación y Relaciones* (Técnicas de comunicación efectivas, incluyendo la escucha activa, la empatía, la persuasión y asertividad).

- *Manejo de Objeciones* (Gestión de objeciones comunes de los clientes, ofreciendo respuestas claras y soluciones alternativas, superando posibles barreras de ventas).

- *Cierre de Ventas* (Técnicas efectivas de cierre de ventas, incluyendo manejo de la oferta, creación de urgencia, seguimiento de acciones y obtención de compromisos finales).

- *Atención al Cliente* (Cómo brindar un servicio excepcional antes, durante y después de la venta para generar satisfacción y lealtad).

- *Negociación* (Técnicas de negociación efectivas, incluyendo la identificación de intereses, creación de valor, búsqueda de soluciones beneficiosas para todos y la resolución de conflictos).

7. Optimización Interna

Es momento de enfocarte en la gestión eficiente de inventarios, mejorar la logística y distribución, optimizar precios y márgenes, y ofrecer un servicio al cliente de calidad.

- *Gestión de Inventarios:* Implementa sistemas efectivos para mantener un control preciso de existencias, evitar exceso o escasez de *stock*, optimizar los niveles de almacenamiento, y reducir los costos operativos.

- *Logística y Distribución:* Optimiza rutas de entrega, tiempos de transporte, gestión de almacenes y coordinación de proveedores.

- *Precios y Márgenes:* Analiza periódicamente tus precios y márgenes para asegurarte de que estén alineados con la competencia, sean rentables para tu negocio, y generen valor percibido.

- *Atención al Cliente:* Brinda un servicio al cliente excepcional, ofreciendo respuestas rápidas, soluciones efectivas, seguimiento proactivo y resolución de problemas de manera oportuna y eficiente.

- *Eficiencia Operativa:* Identifica áreas de mejora, optimizando procesos, eliminando cuellos de botella, reduciendo tiempos de espera, y mejorando la calidad y velocidad de entrega.

8. Innovación y Adaptación

Estudiar las tendencias, observar a la competencia, escuchar a tus clientes, y buscar oportunidades te permite diversificar tu oferta y explorar nuevos canales de venta.

- *Investigación de Mercado:* Realiza estudios de mercado periódicos para comprender las necesidades, preferencias, comportamientos y tendencias de tus clientes y del mercado en general.

- *Análisis Competitivo:* Revisa periódicamente a tus competidores, identifica fortalezas, debilidades, oportunidades y amenazas en el mercado, y utiliza esta información para ajustar tu estrategia y diferenciarte.

- *Feedback de Clientes:* Escucha activamente a tus clientes, recopila opiniones y comentarios, y utiliza esta retroalimentación para mejorar productos, servicios, procesos y experiencias.

- *Adaptación a Cambios:* Ajusta rápidamente tu estrategia y operaciones a los cambios en el mercado, tendencias económicas, regulaciones gubernamentales, avances tecnológicos y demandas de tus clientes.

9. Fidelización de Clientes

Además de adquirir nuevos clientes, no descuides a los existentes. Su lealtad no sólo genera ingresos recurrentes, sino que también actúan como embajadores de tu marca y ayudan a atraer nuevos clientes a través de referencias y recomendaciones positivas.

- *Servicio Posventa:* Ofrece soporte técnico, monitoreo proactivo, resolución de problemas y atención personalizada para garantizar la satisfacción del cliente.

- *Solicita Feedback:* Pídeles comentarios y opiniones sobre su experiencia con tu empresa, productos, servicios y procesos, y utiliza esta información para continuar superando sus expectativas.

- *Desarrollo de Productos y Servicios:* Invierte en el desarrollo continuo de productos y servicios que satisfagan las necesidades cambiantes de tus clientes y agreguen valor a tu oferta.

Biografía
Enrique Acevedo

Enrique Acevedo Rodríguez ("El Toro") es un destacado Ingeniero Industrial y de Sistemas originario de Tampico, Tamaulipas, México. Con una trayectoria que se remonta a 1997, ha acumulado más de 25 años de experiencia en el mundo de las ventas y el liderazgo.

Durante 18 años, ocupó puestos de alta gerencia en dos de las empresas más importantes del ramo del *retail* en México. Su *expertise* en este sector le ha permitido desarrollar habilidades sólidas en estrategias comerciales, gestión de equipos y optimización de procesos.

A partir de 2016, Enrique incursionó en el emprendimiento, participando activamente en dos proyectos propios y desempeñando roles clave en la supervisión, creación y capacitación de grupos de venta en el sector de las telecomunicaciones. Esta transición evidencia su capacidad para adaptarse a entornos dinámicos y su visión innovadora en el campo empresarial.

Además de su labor en el ámbito empresarial, es reconocido como un conferencista experto en temas de Ventas, Servicio al Cliente, Liderazgo y Desarrollo Personal. Su capacidad para comunicar experiencias y conocimientos de forma clara y motivadora le ha convertido en una figura respetada en el ámbito de la capacitación y el desarrollo profesional, generando impacto tanto en el ámbito empresarial como personal.

Actualmente, Enrique participa activamente en medios digitales, siendo parte de una radio digital y gestionando dos canales de YouTube, donde comparte contenido relacionado con su *expertise*. Esta presencia en plataformas digitales demuestra su adaptación a las nuevas tendencias de comunicación y su interés por llegar a una audiencia amplia y diversa.

Contacto

- **LinkedIn:** Enrique Acevedo Rodríguez
- **Mail:** enriqueacevedorodriguez@gmail.com

Juan Ángel Martínez
Co-fundador de Imagine Data Analytics

DE LOS DATOS A LAS DECISIONES: FORTALECIENDO ESTRATEGIAS EMPRESARIALES PARA EL ÉXITO

En el complejo mundo empresarial moderno, los datos se han convertido en un recurso crítico para las organizaciones que buscan prosperar en mercados altamente competitivos. El desafío trasciende la mera acumulación de datos; se centra en la habilidad para analizarlos y transformarlos en decisiones estratégicas que impulsen el éxito empresarial a largo plazo. Este proceso integral, que abarca desde la recolección hasta la aplicación efectiva de los datos, es crucial para fortalecer operaciones y maximizar la rentabilidad.

Inteligencia de Negocios y Análisis de Datos: Pilares de la Competitividad

La inteligencia de negocios (BI) y el análisis de datos se han establecido como fundamentales para las organizaciones que buscan mantenerse competitivas y adaptarse a cambios constantes. Estas disciplinas combinan tecnologías avanzadas, procesos meticulosos y habilidades analíticas para transformar grandes volúmenes de datos brutos en información útil que respalde decisiones estratégicas eficaces.

La inteligencia de negocios se refiere al conjunto de estrategias y herramientas que las empresas emplean para analizar información cuantitativa y cualitativa. Esto ayuda a los líderes y gerentes a tomar decisiones más informadas, basadas en evidencia real y tangible. El análisis de datos involucra técnicas más profundas y específicas para desglosar estos datos en estadísticas operativas, identificando tendencias y patrones que pueden dirigir el planeamiento y la ejecución de políticas empresariales de manera proactiva.

La relevancia de estas disciplinas se ha reconocido en múltiples sectores, desde el *retail* y la manufactura hasta la salud y los servicios financieros. En cada uno de estos campos, la capacidad para tomar decisiones basadas en datos precisos y actualizados puede significar la diferencia entre el éxito y el fracaso.

La Importancia de los Datos en la Estrategia Empresarial

Siguiendo la sabiduría de Sherlock Holmes, quien afirmaba que *"es un error capital teorizar antes de tener datos"*, es esencial adoptar una mentalidad basada en datos en el ámbito empresarial. Los datos proporcionan beneficios significativos en la mejora de decisiones, la optimización de procesos internos y un entendimiento más profundo de los clientes. Por ejemplo, el análisis predictivo permite a las empresas anticipar tendencias del mercado y ajustar sus productos y servicios para satisfacer las demandas futuras.

Además, el análisis de datos ayuda a las organizaciones a identificar áreas de ineficiencia y diseñar soluciones efectivas, resultando en una reducción de costos y un aumento en la eficiencia operativa.

Los beneficios de un enfoque basado en datos incluyen:

- **Evitar suposiciones:** Teorizar sin datos puede ser riesgoso. Los datos proporcionan un fundamento sólido para validar hipótesis, evitando prejuicios personales y errores.

- **Toma de decisiones basada en evidencia:** Los datos revelan patrones y tendencias ocultos, ofreciendo una base robusta para decisiones estratégicas, lo cual reduce la incertidumbre y aumenta las probabilidades de éxito.

- **Mejora del rendimiento:** Los enfoques basados en datos permiten a las empresas monitorear sus indicadores clave de rendimiento, identificar cuellos de botella, y optimizar procesos, impulsando la eficiencia y el crecimiento.

- **Estrategias centradas en el cliente:** Al entender mejor las preferencias y comportamientos del cliente a través de los datos, las empresas pueden personalizar sus ofertas para satisfacer más eficazmente las necesidades del mercado.

¿Significa entonces que tomar decisiones basadas en datos implica desechar la experiencia o la intuición? Para un gran detective, la experiencia y la intuición son herramientas fundamentales, y esto también se aplica en un contexto empresarial. Integrar estos factores con datos fácticos forma una perspectiva completa, maximizando las posibilidades de éxito y minimizando errores costosos.

Del Dato Bruto a la Inteligencia Empresarial

Implementar un marco de trabajo efectivo basado en datos es fundamental para cualquier organización que desee aprovechar al máximo su capacidad analítica.

Este marco no solo facilita la toma de decisiones basada en información confiable y actualizada, sino que también optimiza los procesos internos y mejora la interacción con los clientes.

Aquí se presenta una guía paso a paso para establecer un proceso efectivo de análisis de datos, desde la recolección hasta la interpretación y la acción.

Paso 1: Definición de Objetivos y Requisitos de Datos

El primer paso en la implementación de un marco de trabajo basado en datos es definir claramente los objetivos que la organización desea alcanzar a través del análisis de datos. Estos objetivos pueden variar desde mejorar la eficiencia operativa hasta aumentar la satisfacción del cliente u optimizar la gestión de inventarios. Una vez definidos los objetivos, es crucial identificar los requisitos de datos específicos necesarios para apoyar estos objetivos, incluyendo qué datos recopilar, de qué fuentes y con qué frecuencia.

Paso 2: Recolección y Gestión de Datos

Con los objetivos y requisitos establecidos, el siguiente paso es la recolección de datos. Esto implica la configuración de sistemas de recolección de datos que pueden incluir la integración de sistemas *ERP*, *CRM* y otras plataformas digitales que la empresa utiliza. Es vital asegurarse de que los datos recolectados sean de alta calidad, precisos y relevantes para los objetivos establecidos. La gestión de estos datos también incluye aspectos como el almacenamiento seguro, la accesibilidad y el cumplimiento de normativas de privacidad y protección de datos.

Paso 3: Limpieza y Preparación de Datos

Una vez recolectados, los datos necesitan ser limpiados y preparados para el análisis. Este proceso incluye la eliminación de datos duplicados o irrelevantes, la corrección de errores y la organización de los datos en un formato adecuado para el análisis. La limpieza de datos es crucial, ya que datos mal gestionados pueden llevar a conclusiones incorrectas y decisiones empresariales erróneas.

Paso 4: Análisis de Datos

El corazón del marco de trabajo es el análisis de los datos. Dependiendo de los objetivos definidos, este análisis puede variar desde estadísticas descriptivas simples hasta modelos predictivos y prescriptivos complejos. Aquí es donde las herramientas de BI y *software* de análisis avanzado entran en juego, permitiendo a los analistas explorar los datos, identificar patrones, realizar pruebas de hipótesis, y extraer *insights* valiosos.

Paso 5: Visualización e Interpretación de Datos

La visualización de datos juega un papel crucial en la interpretación de los complejos análisis realizados. Herramientas como *Tableau*, *Microsoft Power B*, o *Google Data* Studio pueden ayudar a transformar grandes conjuntos de datos en representaciones gráficas claras y comprensibles. Estas visualizaciones facilitan la comunicación de los hallazgos a los *stakeholders* y ayudan en la toma de decisiones estratégicas.

Paso 6: Acción y Automatización

El último paso del marco de trabajo es la acción. Basándose en los *insights* derivados del análisis, las empresas deben implementar decisiones y acciones estratégicas. Además, la automatización de este proceso puede ser beneficiosa, donde los sistemas inteligentes pueden tomar ciertas decisiones de manera automática basadas en datos en tiempo real, como ajustes de precios o reabastecimiento de inventario.

Paso 7: Retroalimentación y Mejora Continua

Finalmente, es fundamental establecer un sistema de retroalimentación, donde los resultados de las acciones tomadas sean monitorizados y analizados. Esto no sólo ayuda a medir la efectividad del marco de trabajo basado en datos, sino que también identifica áreas de mejora para futuros ciclos de análisis.

La implementación de una cultura orientada a datos no es meramente una ventaja competitiva, se ha convertido en una necesidad crítica para cualquier empresa que aspire a mantenerse relevante y exitosa en el entorno empresarial moderno.

Biografía
Juan Ángel Martínez

Como cofundador de *Imagine Data Analytics* en Monterrey, México, Juan Ángel aporta más de siete años de experiencia liderando transformaciones en el ámbito de la inteligencia empresarial a través de una amplia gama de industrias, incluyendo los sectores minorista, manufacturero, logístico, automotriz y alimentario. Su firme compromiso con la aplicación práctica de datos para impulsar decisiones empresariales eficaces le ha establecido como un líder pensante en la disciplina del análisis de datos.

Impulsado por una pasión incansable por el análisis y la visualización de datos, Juan Ángel participa activamente en la diseminación de su conocimiento a través de charlas, dinámicas y talleres diseñados para profesionales en entidades corporativas y académicas. Su habilidad para traducir complejas métricas de datos en estrategias comprensibles y aplicables es altamente valorada tanto en consultorías como en escenarios educativos.

Además de su rol como consultor y emprendedor, Juan Ángel es un estimado miembro del cuerpo docente en la prestigiosa Escuela de Negocios EGADE, donde enseña Inteligencia Empresarial en el programa *MBA Online*. Aquí, no sólo imparte conocimiento, sino que también se dedica a formar la próxima generación de líderes en análisis de datos, equipándolos con las habilidades necesarias para prosperar en un entorno empresarial cada vez más basado en datos.

Dedicado a empoderar organizaciones con estrategias innovadoras basadas en datos, Juan Ángel se esfuerza por fomentar la innovación y el éxito empresarial, ayudando a las empresas a transformar datos en acciones decisivas. Su enfoque proactivo en la integración de inteligencia empresarial en prácticas de negocio cotidianas ha facilitado a numerosas organizaciones a alcanzar y superar sus objetivos estratégicos en el competitivo mercado actual.

Contacto

- **LinkedIn:** Juan Ángel Martínez Arzola
- **Instagram:** @imagine_data
- **Mail:** jmartinez@imaginedata.mx

Juan Carlos Adame
Marketero con más de 25 años de experiencia

¿MÁS ADAPTABLE QUE EFICIENTE?

Mi superpoder es improvisar. En el mundo empresarial, esta habilidad puede ser tan crucial como la planeación meticulosa. Empecemos por definir qué es la eficiencia y qué es la adaptabilidad.

La *eficiencia* se refiere a la capacidad de realizar tareas con el menor uso posible de recursos, optimizando tiempo, esfuerzo y dinero. Es la base sobre la que muchas empresas construyen sus estrategias operativas. La *eficiencia* busca maximizar la producción y minimizar el desperdicio, creando un ambiente de trabajo predecible y controlable. Sin embargo, la *adaptabilidad* es la capacidad de moldearse rápidamente a nuevas circunstancias, cambiar de rumbo, y modificar planes sin perder de vista el objetivo final. *Adaptabilidad* implica flexibilidad, creatividad y una mentalidad abierta a nuevas posibilidades y soluciones.

"Quien no sabe improvisar se queda sin divertirse en la fiesta". Esta metáfora se aplica perfectamente al ámbito empresarial: aquellos que no pueden adaptarse o improvisar se quedan atrás, atrapados en el rigor de sus propios planes. Mientras que la eficiencia se centra en optimizar lo conocido y controlable, la adaptabilidad prospera en la incertidumbre y lo desconocido, convirtiendo los desafíos en oportunidades.

Ejecución vs. Planeación

La ejecución y la planeación son dos caras de una misma moneda. Planeamos para prever problemas y optimizar recursos, pero ¿qué pasa si lo planeado no empieza a suceder? ¿Qué pasa si algo cambia en el plan? En estos casos, tenemos dos opciones: ¿Fallas o te adaptas? Algunos pueden reaccionar negativamente: ¿Regañas, gritas, explotas o improvisas?

Ojo, no digo que planificar sea malo o inútil. La cuestión es que *"shit happens"*. La Ley de Murphy dice que, si algo puede salir mal, saldrá mal. Y por mucho que planifiquemos, siempre hay variables externas fuera de nuestro control. Los planes más meticulosos pueden ser desbaratados por factores como cambios en el mercado, emergencias inesperadas, o simplemente errores humanos.

La realidad de las variables externas

Tengo mil y una anécdotas donde me ha pasado que tengo que "ajustar el plan" a una realidad muy distinta a la imaginada en una sala de juntas con variables "controlables" imaginarias. Aquí hay 3 ejemplos:

- *Falta de folletos en un evento de 3 días:* En un congreso importante, habíamos planeado distribuir folletos informativos a todos los asistentes durante tres días. Sin embargo, debido a un error de impresión, los folletos no llegaron a tiempo. En lugar de cancelar nuestra participación o repartir culpas, decidimos improvisar. Utilizamos códigos QR impresos en carteles y tarjetas de presentación, dirigiendo a los asistentes a una versión digital del folleto, que resultó ser más interactiva y ecológica.

- *Falta de participantes en un focus group:* En otra ocasión, para un estudio de mercado, se reclutó a participantes para una sesión grupal crucial. El día del evento sólo se presentó la mitad de los participantes. En lugar de posponerlo, decidimos adaptar la metodología, transformando el *focus group* en entrevistas individuales más profundas, obteniendo así datos más ricos y detallados.

- *Fallo de la pantalla en una conferencia:* Siendo el presentador principal en una conferencia, la pantalla donde debía mostrar mi presentación dejó de funcionar minutos antes de mi turno. En lugar de cancelar mi presentación,

decidí improvisar con los recursos disponibles. Utilicé una pizarra y marcadores para ilustrar mis puntos clave, y mi narrativa se volvió más interactiva y dinámica, captando mejor la atención de la audiencia.

La respuesta a lo inesperado

¿Es realmente una opción cancelar? En estos momentos críticos, he sido testigo presencial de muchas rabietas corporativas: *"¡Yo no contraté esto!"*, *"¡Tú eres el proveedor!"*, *"¡Tú tienes que resolverlo!"*

La verdadera prueba de un profesional está en su capacidad para afrontar lo inesperado. ¿Eres de los que se concentran en repartir culpas, salvando solo tu pellejo? ¿O eres de los que improvisan y salvan el día, sin perder el tiempo en encontrar al chivo expiatorio, sino destinando los recursos que tienes a la mano y las variables que sí puedes controlar?

La clave es enfocarse en la solución inmediata, adaptándote, concentrándote en lo que sí puedes hacer, improvisando, ejecutando, resolviendo, sacando lo mejor de lo disponible.

Más ejemplos de adaptabilidad

Esta experiencia fue acerca de la gestión de inventarios. En una ocasión, un proveedor crucial nos falló y no entregó una pieza crítica para nuestros productos. En lugar de detener la producción, buscamos otros proveedores y ajustamos nuestros procesos para incorporar nuevos materiales. La capacidad de adaptarnos rápidamente no sólo nos permitió continuar operando, sino que también nos abrió nuevas oportunidades para diversificar nuestras fuentes de suministro.

En una situación diferente, durante un proyecto de desarrollo de *software*, el cliente cambió sus requisitos en medio del proceso. En lugar de quejarnos y pedir más tiempo, decidimos adoptar una metodología ágil, con *sprints* semanales y revisiones constantes con el cliente. Esta flexibilidad no sólo cumplió con los nuevos requisitos, sino que también mejoró la satisfacción del cliente y la calidad del producto final.

La importancia de la planeación y la improvisación

Entiendo y apoyo la importancia de la planeación y el uso eficiente de los recursos, pero en mis años de experiencia en la calle he visto de todo… y mucho, lejos de lo planeado. La adaptabilidad y la improvisación no son sólo complementos de la eficiencia, sino habilidades esenciales en un mundo empresarial en constante cambio. Las empresas que valoran y cultivan estas habilidades entre sus empleados están mejor preparadas para afrontar crisis, tomar ventajas y oportunidades inesperadas, y mantener una ventaja competitiva.

Balance entre eficiencia y adaptabilidad

El verdadero desafío es encontrar el equilibrio adecuado entre eficiencia y adaptabilidad. La planeación meticulosa permite a las empresas operar de manera suave y predecible, minimizando el desperdicio y maximizando el rendimiento. Sin embargo, una planeación rígida puede convertirse en una trampa que impida que las organizaciones respondan eficazmente a cambios inesperados.

Por otro lado, una excesiva dependencia de la improvisación puede conducir a una falta de coherencia y previsibilidad, erosionando la confianza tanto interna como externa. Por ello, las empresas deben fomentar una cultura que valore tanto la eficiencia como la adaptabilidad, formando a sus empleados en habilidades de resolución de problemas, pensamiento crítico y creatividad.

Eficiencia y adaptabilidad deben coexistir en cualquier empresa que aspire a ser exitosa. Si bien la planificación eficiente es esencial para las operaciones diarias y la optimización de recursos, la capacidad de improvisar y adaptarse a situaciones inesperadas es igualmente vital. Un verdadero profesional debe ser capaz de combinar ambas habilidades, asegurando que, pase lo que pase, siempre habrá una solución viable y efectiva.

En última instancia, ser *eficiente* es importante, pero ser *adaptable* puede marcar la diferencia entre el éxito y el fracaso en el dinámico entorno empresarial actual.

Al cultivar una mentalidad que valora tanto la planeación como la flexibilidad, las empresas pueden navegar mejor las incertidumbres del futuro, aprovechando cada desafío como una oportunidad para innovar y crecer.

Las historias y ejemplos que he compartido son solo una muestra de cómo la adaptabilidad puede salvar el día en que los planes fallan. La capacidad de improvisar no sólo resuelve problemas inmediatos, sino que también inspira confianza y demuestra liderazgo. Por eso, en mi opinión, la adaptabilidad no es sólo un complemento de la eficiencia, es una habilidad esencial para cualquier profesional que quiera tener éxito en un mundo empresarial en constante cambio.

Biografía

Juan Carlos Adame

Apasionado del *marketing* y *branding*, Juan Carlos es defensor de las buenas prácticas en el ecosistema emprendedor. Con más de dos décadas en el campo, liderando estrategias eficientes, disruptivas e innovadoras en diversas industrias, tanto para casos B2B como B2C en México, con el Mercado Hispano en los Estados Unidos y en el resto de Latinoamérica.

Se especializa en conectar marcas con sus audiencias de forma auténtica y persuasiva. Cuenta con el superpoder de entender el mercado y adaptar estrategias, planes y herramientas según su evolución.

Es creador de *El Blog del Desempleo* en LinkedIn (comunidad con más de 240,000 miembros), donde se habla de empleabilidad, marca personal y marca empleadora. También, es productor y creador de contenido en YouTube para el canal *VÁMONOS QUE AQUÍ ESPANTAN*, dirigido a empresarios y emprendedores.

Como mentor, ha guiado a más de 100 emprendimientos en Micromentor, Emprende sin MBA y del Tec de Monterrey hacia un camino de éxito, siempre apostando por compartir su experiencia con talleres como *"Marketing para Cavernícolas: deja de perseguirlos"* y como conferencista en plataformas como TED, Startup México, INCmty, CANACO y en diferentes universidades a través del IMEF Universitario.

Actualmente, es Chief Marketing Officer en Safepall, *startup* mexicana.

Contacto

- **LinkedIn:** Juan Carlos Adame Leyva
- **Mail:** jcadame@gmail.com

Lilia Saunders

**Consultora en Ventas y Factor Humano
Meta Coach Certificada para Equipos y Ejecutivos**

¿EL VENDEDOR NACE O SE HACE?

Muchas personas me han preguntado si creo que el vendedor nace o se hace. Llegué al mundo de las ventas de manera circunstancial, mi hermano me invitó a conocer una metodología que cambiaría el rumbo de mi vida profesional e incluso la forma en que conduzco muchas de mis relaciones interpersonales.

Soy Administradora de **profesión** y financiera de **vocación**, me encanta la forma en que los números nos dicen las cosas, nos ayudan en la toma de decisiones, nos apoyan para diseñar proyecciones y contar historias, en definitiva, los movemos, los ordenamos y ellos no se quejan, son dóciles y transparentes. Cuando decidimos emprender, lo hice por **convicción**. Las ventas, al ser la primera línea de una Cuenta de Resultados, son el motor de cualquier negocio, empresa, también en organizaciones sin ánimo de lucro o profesionales independientes que venden sus servicios, aunque les pongan

nombres diferentes, elegantes o más sofisticados.

Entonces comprendí por qué durante tantos años rechacé el papel del vendedor. No me gustaba la idea de ser visto como esa persona que persigue, acosa y a veces promete cosas que no van a cumplir para lograr una venta, una tarea incómoda. A mí lo que me gustaba, ¡era Comprar! Pero cuando me dieron las herramientas y el proceso necesario, me quedó claro que sí, a mí, personalmente, me gusta ayudar a las personas (*"El que no vive para servir, no sirve para vivir"*, dijo la Madre Teresa de Calcuta) y a las personas les gusta comprar, es decir, tomar tus propias decisiones y elecciones. Mi chamba como nueva consultora consistía en realizar un correcto diagnóstico de necesidades y encontrar soluciones. Me convertí en una consultora profesional.

Pero no era suficiente…

Recuerdo que arrancamos en el 2008 capacitando vendedores, algunos de nuestros clientes nos buscaban para ayudarlos con su equipo de ventas (solo con los vendedores), porque no podían hacerlos crecer, no tenían tiempo, todos querían resultados rápidos y, en pocos meses, nos dimos cuenta de varias cosas:

- El proceso de cambio no funciona cuando el líder no está comprometido a ejecutarlo. No basta sólo con hacer el plan, hay que orientar, apoyar, y dar seguimiento a la formación de una nueva cultura.

- No funciona cuando el que lidera quiere que los demás cambien, pero cuando le dices cómo, prefiere que cada uno lo haga a su manera y no está dispuesto a "despeinarse" o "meter la pata".

- Los resultados varían de persona a persona, pero en un equipo es muy raro ver resultados o avances en conductas o en el desarrollo de competencias antes de las 12 semanas. Algunos líderes esperan resultados inmediatos, eso no funciona y es muy raro que suceda.

Entonces, nos dimos cuenta de que el verdadero desafío no era sólo el proceso, sino las personas. Aunque son ambas cosas, las personas eran las más complicadas, por eso comencé a estudiar y prepararme para conocer y comprender el comportamiento del Ser Humano.

Cuando decidí adquirir nuevas herramientas de estudio, mi propósito central siempre fue conectar los resultados del negocio y ayudar a las personas a disfrutar el proceso de desarrollo, disfrutar de su trabajo, aprender a ser felices haciendo lo que hacemos todos los días y, al mismo tiempo, asegurar crecimiento y resultados. ¿Por qué más herramientas? Porque me di cuenta que observaba a muchas personas a diario (sobre todo a los líderes), y sus retos más complejos eran entender y conectar con su gente, cuando ni ellos mismos se paraban a

entenderse a sí mismos, pero cuando lo descubrían, ¡no sabíamos qué hacer!

No fue fácil y aunque me considero una persona en constante aprendizaje, tratando de ayudar a las personas y comprender la naturaleza y el comportamiento humano, sin ser psicólogo ni terapeuta, la elección de por dónde empezar fue complicada. Ya había oído hablar del rol del *Coach*, pero un poco escéptico, con paradigmas de muchos tipos de *coaching* y metodologías muy variadas. En definitiva, había que investigar y elegir una buena opción. Un colega y amigo me había dicho que tenía ciertas habilidades para ser *Coach*, porque sabía hacer preguntas y tenía cierta facilidad para comunicarme, generar confianza, y ayudar a las personas. Me recomendó una metodología de *Coaching* con alto rigor académico, eso me dio confianza y certeza para dedicarle tiempo, dinero y esfuerzo, y después de un par de años de preparación y práctica obtuve la certificación.

¿Y qué pasó entonces? Me di cuenta de que comencé a disfrutar más de mi trabajo y encontré respuestas a muchas preguntas acerca del comportamiento humano.

Fue muy fácil para mí liberar a personas o prospectos que antes no entendía que no debían permanecer en mi vida.

Me di cuenta de que sí se puede ayudar a las personas y que es profundamente enriquecedor ver cómo se transforman sus vidas.

Aquí algunas de las ideas básicas:

1. No puedes ayudar a alguien que no sabe o no reconoce que necesita ayuda, simplemente no puedes ayudar a alguien que no quiere ser ayudado.

2. Todas las personas son desarrollables, a menos que tengan una patología. Es más fácil si desean un cambio y están dispuestos a crecer.

3. Todas las personas nacen con la necesidad de ser escuchadas y esta necesidad no se extingue con la edad.

4. El Liderazgo no lo da un título de un puesto, las competencias del Líder también son desarrollables.

5. El respeto de un equipo se gana con base en demostrarles a las personas que los puedes ayudar.

6. No es fácil entender las señales o aprendizajes si tu cabeza está llena de "ruido".

7. Si estás demasiado inmerso en la operación, es muy difícil que puedas ver el panorama completo con claridad para tomar buenas decisiones.

8. Todas las personas somos emocionales, pero a unas se les nota más que a otras.

9. Pocas personas hacen introspección, pocas personas "se ven profundamente en el espejo", pero les resulta fácil ver y juzgar a los demás.

10. Los seres humanos por definición somos "juzgones" y eso no es necesariamente malo, te ayuda a distinguir el bien del mal. Lo malo es cuando en ese juicio se condena. Nadie es libre de tirar piedras a los demás.

11. Cada ser humano es único e irrepetible, y aunque las conductas pueden generar patrones, cada persona crea su propio mapa.

La vida te pone pruebas, las herramientas son para usarlas, no para guardarlas, y no puedes compartirlas de manera real o consistente si no las has experimentado de primera mano. Esa es la diferencia entre Academia y Experiencia. Ambas son útiles, pero poderosas cuando se combinan. Aprendí que no basta con dar lo mejor de mí a mis clientes, las herramientas que tengo también son para compartir con las personas que más quiero.

Creo firmemente que el vendedor no nace, se hace. Sí, hay algunas excepciones (he conocido menos de 9 que así nacieron), pero no son la regla. Toda profesión requiere de mucha formación y siempre va acompañada de alguien más que creyó en ti, que vio algo que otros no vieron, o proviene de una fuerza interior muy fuerte, que también requiere del apoyo de otra persona para potenciarla y crecer.

Date permiso para creer en ti mismo, para creer en los demás, dedica tiempo a la preparación, persevera, pide ayuda y lograrás tus objetivos, solo asegúrate de disfrutar el proceso, al final del día, eso es la Vida, ¡vienes a ser feliz!

Biografía
Lilia Saunders

Liliana es licenciada en Administración de Empresas de la Universidad Autónoma de Nuevo León y cuenta, además, con los siguientes estudios:

- Diplomado de Perfeccionamiento D1 por el IPADE 2002

- Diplomado en Finanzas ITESM

- Diplomado en Planeación Estratégica ITESM

- Perfeccionamiento Directivo en Programas de Actualización IPADE por 16 años.

- Meta-Coach Certificada de la International Society of Neuro-Semantics

En su experiencia Directiva, funge como Socia, Instructora y Directora de Sandler Training Monterrey, Reforma y Colombia; Gerente de Administración y Finanzas de Distribuidora de Insumos Estratégicos, S.A. de C.V.; Gerente de Operaciones en Servicios Paraclínicos S.A. de C.V.; Gerente General en AINCO, Abastecedora de Insumos Estratégicos S.A. de C.V.; y Gerente de Planeación y Finanzas y Tesorera de Wellcome México, Laboratorio Farmacéutico.

Asimismo, es Miembro en el Consejo Consultivo en el IPADE Monterrey del 2002 al 2017; Consejera y Voluntaria en Formando Emprendedores ABP desde 2008 hasta la fecha; y Miembro del IMEF (Instituto Mexicano de Ejecutivos de Finanzas) desde el 2004.

Entre sus áreas de Especialización, se encuentran la Consultoría de Ventas, Coach Ejecutivo, Planeación Estratégica, Coordinación y Administración General, Reingeniería de Procesos, Selección de Personal, Análisis e Interpretación de Psicométricos Extended DISC y Harver (Certificada), Administración de Tesorerías, Análisis de Estados Financieros, *Meta-Coach* (realizando acompañamiento en el desarrollo personal y profesional de gerentes y directores) y *Team Building* (mejorando las habilidades de comunicación interpersonal y en equipos de trabajo).

Contacto

- **LinkedIn:** Lilia A. Saunders S.

Mónica Aranda
Sr. Design Manager, Escritora y TEDx Speaker

CONSTRUYENDO SUEÑOS RENTABLES: LECCIONES VITALES DE FRACASO, FELICIDAD Y DESAPEGO EN EL MUNDO EMPRESARIAL

Antes de aventurarnos en la construcción de un negocio próspero, es crucial comprender que, al igual que en la arquitectura, el éxito radica en la solidez de los cimientos que establecemos. En este contexto, propongo tres consideraciones esenciales para el diseño de nuestros planes.

En primer lugar, debemos aprender a abrazar el fracaso como una oportunidad invaluable de crecimiento, permitiendo que las lecciones que nos brinda nos guíen en nuestro camino.

Además, resulta crucial visualizar cómo definimos la felicidad y el éxito personal, ya que esta visión actuará como nuestro faro en la travesía hacia nuestros objetivos comerciales.

Por último, cultivar la habilidad del desapego se convierte en un pilar fundamental; reconocer que existen factores fuera de nuestro control y estar preparados para adaptarnos a la volatilidad del entorno empresarial.

En este artículo, exploraremos cómo estas áreas fundamentales pueden fortalecer y transformar nuestra forma de construir negocios, asegurando su solidez y rentabilidad.

1. El regalo del fracaso: Aprender a crecer desde la adversidad

En nuestra sociedad actual, el miedo al fracaso puede paralizar nuestras acciones y limitar nuestro potencial. Sin embargo, consideremos el fracaso como un regalo, una oportunidad para aprender y crecer. Albert Ellis, pionero en la terapia racional emotiva conductual, identificó creencias irracionales que nos impiden experimentar una vida plena, dentro de ellas está la búsqueda de la perfección, tan arraigada en nuestra cultura actual, que puede llevar a problemas de salud mental y estrés. En contraste, la historia nos enseña que en la Antigua Grecia se valoraba la excelencia junto con la aceptación del fracaso como parte del viaje hacia el éxito. Recordemos que nuestros fracasos no nos definen; son solo pasos en nuestro camino hacia el crecimiento y la realización.

El consuelo del fracaso es que aprendiste algo que no sabías el día anterior. Cuando era joven, le tenía tanto miedo que me impedía vivir la vida o experimentar en el trabajo para obtener diferentes resultados. Lo importante es que, si bien hay que experimentarlo y sufrir un poco, deberemos saber dimensionarlo, analizarlo, encontrar con calma dónde podemos mejorar, y seguir hacia adelante. Por lo general, lo que más me preocupa del fracaso es la cantidad de personas que fueron testigos del acto, como si fallara un penal en un mundial de fútbol. La cosa es que debemos ser capaces de dimensionar las situaciones y no dejar que la angustia nos envuelva, sino intentar y recalibrar. Aceptemos que el fracaso es inevitable en nuestras vidas para que lo veamos como un obstáculo que se puede sobrellevar y no como una montaña imposible de escalar.

2. ¿Cuál es tu fórmula para el éxito en un negocio próspero?

Definir la misión de encontrar el éxito en el desarrollo de tu negocio es como correr una maratón: cada uno tiene su propio ritmo y estrategia para llegar a la meta. En mi experiencia personal, he completado 5 maratones, y cada uno fue una lección sobre cómo mantener mi propio paso y encontrar satisfacción en el proceso. Al igual que en una carrera, en el mundo empresarial también enfrentamos diferentes desafíos y tenemos que encontrar nuestra propia fórmula para el éxito. Para algunos, puede significar alcanzar un rendimiento financiero excepcional o destacar en su sector, mientras que, para otros, como yo, se trata de encontrar un equilibrio entre mis objetivos empresariales y mi bienestar personal.

La pregunta *"¿Cuál es nuestra fórmula del éxito en nuestros negocios?"* puede parecer abrumadora, pero al igual que planificar una estrategia para una carrera, podemos abordarla paso a paso. Comenzamos identificando nuestros objetivos y propósitos para nuestra organización, pero no podemos ignorar la importancia de la recompensa en nuestra

fórmula del éxito. Al igual que la satisfacción de cruzar la línea de meta en una maratón, la recompensa de un negocio fructífero puede ser tanto intrínseca como extrínseca: la sensación de logro personal, el reconocimiento de nuestros colegas o la oportunidad de crecimiento profesional.

Así como selecciono cuidadosamente mi lista de reproducción para una carrera para motivarme a seguir corriendo, también debemos considerar cómo podemos crear un entorno empresarial que fomente nuestro bienestar y satisfacción dentro de la medida que lo podamos controlar. Esto puede incluir aspectos como la flexibilidad en la toma de decisiones, la conexión con un propósito compartido y la sensación de pertenencia a una comunidad empresarial sólida. Al reflexionar sobre nuestra fórmula personal del éxito en el negocio, podemos identificar qué aspectos son prioritarios para nosotros y cómo podemos cultivar un ambiente empresarial más satisfactorio y productivo.

3. El arte del desapego en la vida laboral: Prioridades y control

El dominio del desapego en el entorno laboral es crucial para alcanzar el éxito empresarial sin caer en la trampa del agotamiento y la sobreexigencia. En nuestro afán por prosperar, a menudo nos vemos abrumados por una montaña de responsabilidades y una obsesión por controlar cada detalle de nuestra vida laboral. Sin embargo, aprender a soltar es esencial para preservar nuestra energía y enfocarnos en lo verdaderamente relevante, *porque la vida es demasiado corta para dar el 100 en todo, pero resulta ser perfecta cuando decides darlo en lo que realmente importa.*

Una lección valiosa que podemos extraer es la regla de Pareto, que nos enseña que el 20% de nuestro esfuerzo suele generar el 80% de nuestros resultados. Identificar y priorizar estas tareas fundamentales nos permite optimizar nuestro rendimiento y evitar dispersarnos en actividades de menor importancia.

Consideremos el ejemplo de los meseros en un restaurante: intentar equilibrar múltiples platos en ambos brazos podría resultar en un desastre. En cambio, al utilizar una bandeja para transportarlos, pueden cumplir su objetivo con eficacia y sin excesivo esfuerzo. De manera similar, en nuestro ámbito laboral, debemos analizar con detenimiento nuestras responsabilidades y encontrar formas eficientes de abordarlas.

En mi experiencia personal, he descubierto la importancia de ser estratégica en la gestión del tiempo y los recursos. A veces, esto implica practicar la "escucha activa" y reconocer cuándo es necesario solicitar ayuda o delegar tareas. La psicóloga Ellen Hendricksen escribió para la revista de Scientific American que no todos los *"control freaks"* o maniáticos del control son creados de manera similar, ella menciona que hay dos niveles de control: el primario, y tal vez el más reconocido, que busca modificar el entorno para adaptarlo a nuestras necesidades, y el secundario, que implica adaptarnos nosotros mismos a las circunstancias.

A través del control, podemos encontrar un mayor sentido de satisfacción y logro en nuestras vidas laborales. Al aprender a flexibilizar nuestras expectativas y adaptarnos a las demandas del entorno, cultivamos una mentalidad resiliente y nos posicionamos para alcanzar el éxito en nuestros negocios.

Al integrar estas lecciones de fracaso, felicidad, desapego, podemos construir negocios sólidos y rentables que no sólo prosperen, sino que también nos brinden satisfacción y realización personal en el proceso.

Recordemos que el camino hacia el éxito en los negocios no está exento de desafíos, pero al abrazar el fracaso como una oportunidad de aprendizaje, buscar la felicidad en nuestras actividades, y aprender a dejar ir las responsabilidades que no nos sirven, podemos alcanzar nuestro máximo potencial como emprendedores y líderes empresariales.

Biografía
Mónica Aranda

Con una Licenciatura y Maestría en Diseño Gráfico con Especialidad en Marketing Electrónico por la Universidad de Monterrey, Mónica se destaca como Sr. Design Manager en Kalypso: a Rockwell Automation Business, donde se desempeña como comunicadora visual en proyectos globales y para clientes de la lista Fortune 500.

Además de su destacada labor en el ámbito corporativo, Mónica comparte su experiencia como profesora en la Universidad Regiomontana, impartiendo diversas clases para la Licenciatura en Diseño Gráfico Digital.

Como conferencista, ha dejado su huella en compañías como Accenture, Wizeline, CEMEX, Christus Muguerza y prestigiosas instituciones educativas como la Universidad de Monterrey, la Universidad Regiomontana y el TEC de Monterrey, entre otros. Su participación como TEDx speaker ha sido destacada, ofreciendo consejos y estrategias prácticas para manejar el estrés crónico, prevenir el agotamiento y mejorar el bienestar tanto a nivel individual como organizacional.

Además de sus logros profesionales, Mónica es una apasionada maratonista, encontrando en el *running* un espacio para desafiarse y mantener un equilibrio entre cuerpo y mente.

Como autora publicada bajo el sello de Universo de Letras, su libro *Nunca des el 100, me dijo mi hermana* ofrece una perspectiva única sobre el síndrome del *"desgaste profesional"*, desmitificando la cultura del "ajetreo" donde la perfección es una exigencia, no una meta, y promoviendo un enfoque más saludable hacia el éxito y la realización personal.

Contacto

- **LinkedIn:** Mónica Aranda

- **Instagram:** @nuncadeselcien

- **Mail:** monica@nuncadeselcien.com

Silvia Vargas
Experta en Psicometría y Fundadora de GROUI

ATRÉVETE A USAR OTROS ZAPATOS, PUEDEN LLEVARTE MÁS LEJOS

Cuando pienso en empresas rentables, no puedo evitar pensar en el personal. Dependiendo del personal que tengas será el crecimiento o decrecimiento de una empresa. Puedes pensar que tener una metodología, procedimientos, una estrategia, herramientas de trabajo y tecnología son la clave del éxito en las empresas. Y son una parte importante, pero si no hay gente que lo lleve a cabo, lo anterior no sirve.

En nuestra trayectoria mi socia, Leticia Flores, y yo nos hemos encontrado con algunos negocios que tienen una desorganización tremenda, aun cuando cuentan con manuales de procesos y maquinaria costosa. Cuando nos contratan, hacemos una evaluación donde preguntamos sobre los recursos que tiene la empresa y hemos visto manuales detallados polvorientos en algunas oficinas, otras ni siquiera los tienen completos, porque alguien que trabajaba allí se los llevó.

Si miramos las estadísticas, en junio de 2023, la OCC Mundial presentó un estudio llamado *"El futuro del reclutamiento en México"*. El estudio mostró que el 74% de las personas están buscando trabajo activamente. De ese porcentaje, el 42% que tiene un empleo está buscando otro. *Sí, 4 de cada 10 personas que tienen trabajo están buscando otro.* Como empresario, es momento de pensar y actuar sobre lo que vas a hacer ante esta realidad. En el mundo del emprendimiento, especialmente en negocios que tienen una larga trayectoria en el mercado y no se actualizan constantemente, se suele trabajar con los mismos recursos que les funcionaron al principio, por lo que vemos culturas laborales rígidas, no siempre están abiertas a la negociación con su cliente interno (personal de trabajo), y no ofrecen esquemas de trabajo interesantes. Esto desencadena el descontento en el empleado y, como intento de solucionar la rotación de personal que afecta directamente a la productividad y calidad del trabajo, estos negocios aumentan los salarios para así retener a los "empleados de confianza" y atraer nuevo talento (el *personal de confianza* es aquel que no suele faltar y que hace el trabajo a regañadientes, pero con el tiempo tiende a *"quemarse"*; son estas personas las que hicieron crecer el negocio desde sus inicios, pero a estas alturas ya han llegado a su límite de habilidades y conocimientos).

Recuerdo el caso de un emprendedor desesperado del sector logístico. No contaba con suficiente personal, los pocos colaboradores que tenía estaban cansados y ya no querían quedarse a trabajar horas extras para poder atender la demanda de sus clientes. El dueño nos dijo: *"Ya no sé qué hacer, ya les subí el sueldo y aun así casi no vienen a entrevistas, y los pocos que podemos contratar tal cual llegan, se van. No puedo cubrir mis compromisos laborales".*

Con base en el análisis, nos dimos cuenta de que tenían lo básico y necesario para trabajar, pero el área de trabajo estaba desordenada y sucia. Cuando hay nuevos integrantes nadie los recibe, no hay curso de inducción, no se les asignan actividades y, además, cuando el nuevo integrante se equivoca, lo reprenden. Esto generó rotación de personal, pocos y agotados colaboradores. Por falta de personal, el propietario ingresó a la operación los fines de semana, en las tardes y algunas noches para poder cumplir con los tiempos de entrega.

Cuando le preguntamos qué necesitaba de nosotros, el cliente nos dijo: *"Solo quiero cumplir con mis clientes según mis estándares de calidad y tener tiempo para pasarlo con mi familia".*

De acuerdo con la necesidad del cliente, lo primero que propusimos es un organigrama más robusto de mandos medios y altos, incluyendo un departamento de Recursos Humanos, dado el tamaño de su empresa. Contratamos personas con mucho conocimiento en el campo y en su área y que en su experiencia habían gerenciado exitosamente.

Una vez cubiertos estos puestos de mandos medios, todos comenzaron a trabajar en equipo para mejorar las diferentes necesidades de la empresa. El gerente de operaciones puso orden, implementó procesos,

capacitó al personal, puso en marcha maquinaria en desuso (lo que facilitó el trabajo), ayudó a ahorrar tiempo y materiales, y además tenía una cartera de contactos a los cuales ofrecer sus servicios más adelante.

En Recursos Humanos, se implementaron cursos de inducción y se brindó apoyo a los nuevos empleados, se analizaron y ajustaron salarios. Ahora están trabajando para mejorar la cultura organizacional. Así, cada especialista aplicó su experiencia a la empresa y no sólo creció, sino que se volvió más rentable. El propietario acude cada vez menos a la nave industrial y su negocio sigue creciendo.

Contar con personal experto en su área es fundamental para el crecimiento de tu negocio. Rodéate de personas que sepan más que tú sobre su área. No tengas miedo de aprender de tu personal. No debes ser el experto en todo, pero sí debes tener un equipo de expertos que harán crecer tu negocio. *A continuación, te brindo algunos consejos que pueden ayudarte para ser más rentable, haciendo más eficiente tu recurso humano:*

1. Establece una meta clara para tu emprendimiento que sea medible y fija una fecha (por ejemplo, crecer las ventas un 15% este 2024) y traza una estrategia.

2. Define qué es urgente y qué es importante en la empresa. Todo es importante, pero no todo es urgente. Si tu objetivo no es urgente, vuelve al punto 1 (por ejemplo, si tu urgencia ahora mismo es que no tienes personal, entonces tu objetivo debe centrarse en resolver esta situación y no en vender más, ya que no tienes los recursos humanos para incrementar tus ventas).

3. Define la misión de cada área. Pregúntate: *"¿Para qué se creó este departamento?"* Vuelve al principio y redefine la misión actual de cada departamento.

4. Define la misión del puesto de cada vacante. No pienses simplemente: *"Necesito un contador"*, piensa en las situaciones que resolverá. Cuanto más específico seas, más fácil será buscar esa vacante, ya que de esto dependerá el tiempo de experiencia y otras características.

5. Hazte atractivo para el candidato. Analiza los salarios, no tengas miedo de pagar más, recuerda que un empleado feliz es más productivo. Ofrece horarios flexibles, mantente abierto a la negociación, capacítalos, contrátalos, ofrece oportunidades de crecimiento, y brinda calidad de vida.

6. Mantén la curiosidad. Nunca dejes de aprender, involúcrate con tu personal. Si algo te molesta en el negocio, reúnete con tu equipo de trabajo, no discrimines. A veces, la persona que menos imaginas es la que solucionará tu problema.

7. Involucra a todo tu equipo de trabajo. Realiza reuniones mensuales con tu equipo de primer nivel, ten claro los objetivos e involucra a Recursos Humanos, ya que son ellos quienes manejan el personal.

8. Evalúa tus departamentos y tu personal. Recuerda que lo que no se mide, no se puede cambiar, y si no se cambia, no se puede mejorar.

9. Subcontrata servicios. Cuando tienes los departamentos y aún no llegas al objetivo, trabajar en proyectos con expertos externos puede ayudarte a ver cosas que antes no veías y darte una nueva perspectiva. Por otro lado, si vas a abrir un nuevo departamento, deja que un experto te oriente, acortará tiempos y reducirá el estrés.

Biografía
Silvia Vargas

Originaria de Zapopan, Jalisco, aunque actualmente vive en Nuevo León, Silvia estudió Psicología, pues se considera curiosa por el comportamiento humano, y tiempo después se especializó en Administración con especialidad en Recursos Humanos.

Al inicio de su carrera, tuvo la oportunidad de trabajar en el área clínica y educativa, donde aprendió mucho, pero aún tenía curiosidad por saber más. Buscando respuestas, se le abre la oportunidad de ir a Monterrey y decide probar suerte.

Allí inició inmediatamente su búsqueda de empleo y se dio cuenta de que los procesos de búsqueda de empleo son largos, agotadores y frustrantes. Cuando pensó que podía probar algo diferente a la Psicología, después de 2 meses de búsqueda constante encontró una oportunidad laboral en el área de Psicometría, en una agencia de reclutamiento y selección. Le agradaba mucho, porque sentía que podía "perfilar" a los candidatos y predecir comportamientos laborales, ayudando así a las empresas a tomar la mejor decisión de contratación.

Después de varios años en el ámbito laboral, experiencia y formación, descubrió que hay mucho que aportar y, viendo la necesidad de tantas empresas, nació "GROUI" (un juego de palabras en inglés, *"grow"* + *"identity"*) que significa "Creciendo con Identidad".

Es una empresa enfocada a la consultoría desde el reclutamiento y selección de personal especializado, con la que tiene casi 2 años ayudando a empresas en diferentes campos.

Groui realiza evaluaciones para identificar el origen de la vacante y armar la estrategia para encontrar a la persona adecuada. En la fase de selección, son expertos en la interpretación de la psicometría proyectiva, lo que ayuda a predecir el comportamiento del candidato y conocer en profundidad su personalidad.

Con esta metodología enfocada al asesoramiento psicológico-laboral han logrado posicionarse como uno de los mejores en su área.

Contacto

- **LinkedIn:** Silvia Vargas
- **Instagram:** @groui.mx
- **Mail:** silvia@groui.mx

Susi Torres
Profesional de la industria del Network Marketing

CÓMO TENER ÉXITO EN NETWORK MARKETING, HACIENDO DE ÉSTE UN NEGOCIO RENTABLE

Soy profesional en la industria del Network Marketing y hoy quiero hablarte de cómo hacer de éste un negocio rentable, fuerte y perdurable en el tiempo. Te comparto lo que para mí es el Network Marketing, el concepto es muy sencillo:

Existe una empresa que ofrece productos o servicios (en mi caso productos), y en lugar de tener la cadena de suministro tradicional, vende el producto directamente a su cliente, ahorrando dinero en el proceso. **La empresa permite al cliente compartir y comunicar los beneficios del producto, con el fin de crear nuevos clientes.** En el proceso de hacer esta red de comercialización, la empresa les paga comisiones en dos formatos: uno como **ingresos directos (o comisiones) y el otro como ingresos pasivos (o royalties)**, siendo estos últimos, según los expertos, los más poderosos que existen a nivel financiero. **Cada uno de nosotros tiene que crear su propia historia de éxito,** nadie puede llevarte por un camino que no se ha recorrido. Por eso, quiero compartir contigo mi historia, a dónde he llegado y cómo lo he hecho, con el más sincero deseo que puedas sentirte inspirado y motivado para alcanzar tus propias metas, objetivos, sueños, ¡no los de otros! Para mí existen *5 puntos fundamentales.*

1. EL PODER DE CREER

Como *Networkers*, algo vital es desarrollar nuestro liderazgo, no podemos ser seguidores de otros. Tenemos que ser líderes con capacidad de desarrollar más líderes y así **crear un gran equipo de trabajo sólido y con una visión común.**

Para ello, lo primero es creer en ti, en tus posibilidades de éxito y estar seguros de lo que queremos y cómo queremos conseguirlo.

Pregúntate:

- *¿Realmente creo en el Network Marketing?*

- *¿Qué quiero conseguir con este modelo de negocio?*

- *¿Creo en la empresa que he elegido?*

- *¿Creo en los productos de esta empresa?*

- *¿Creo en mi equipo y en cada persona que forma parte de él?*

Hay quienes piensan: *"Si en esta compañía no me ha ido bien, en otra me irá mejor"*, y van cambiando de compañía en compañía, en lugar de darse cuenta y reflexionar que la industria es la misma y que **somos nosotros los que tenemos que mejorar nuestras habilidades y resultados.**

2. TU RESILIENCIA AL "NO"

La diferencia entre el éxito y el fracaso es la capacidad que tenemos para gestionar los "NO". En nuestro negocio, como emprendedores lo que más nos vamos a enfrentar es el "NO", y aunque a todos nos gusta que nos digan que sí, eso es imposible. **En los "NO" es donde forjamos nuestro carácter, nuestra capacidad emocional, ahí es donde nos pulimos y donde marcamos la diferencia.** Cuando te digan "NO", en lugar de reaccionar y desanimarte, acéptalos, respétalos, agradéceles, y úsalo como palanca para seguir buscando ese "SI" con más fuerza.

El mercadeo en red no tiene por qué ser para todos ni gustar a todos, lo importante es que te guste a ti y encuentres a otros que sientan lo mismo que tú. **Tenemos que convertirnos en lo que buscamos**, al final tú emites una energía positiva que atraerá a otros que estén en esa misma frecuencia.

3. DISCIPLINA

Debes mantenerla en las acciones diarias que conducirán a la rentabilidad de tu negocio o lo que llamamos *"Ciclo de Momentum"*:

3.1 Disciplina: Plan de trabajo

a) Prospección
b) Habla sobre tu propuesta de valor (producto/modelo de negocio)

c) Seguimiento

d) Concretar si le interesa o no y siguiente

3.2 Disciplina: Cuadro de análisis de resultados

Anota todo este proceso en un CMR (horarios, personas contactadas, seguimientos, etc.)

3.3 Disciplina: Rendición de cuentas

Realiza reuniones semanales con tu equipo para revisar acciones a fin de alcanzar los objetivos estratégicos, luego analiza los resultados obtenidos y piensa cómo se pueden mejorar.

4. VENCE TUS MIEDOS

Todos tenemos miedos, la diferencia entre aquellas personas que tienen éxito y las que no, son aquellas que "actúan a pesar del miedo". En lugar de utilizar ese miedo como algo negativo que les frena, que les mantiene anclados, lo utilizan para despegar y seguir caminando pase lo que pase, no se detienen.

¡Yo, también tengo miedo, aunque no lo creas! Es natural, pero actúo, porque el único antídoto contra el miedo es la acción.

5. ACCIÓN + ACCIÓN + ACCIÓN = RESULTADOS

Muchas personas que ingresan al *Network Marketing* se involucran emocionalmente porque, de hecho, todo negocio de *marketing* y ventas implica mucha emoción implícita.

¡Ir a esas reuniones, a esas convenciones multitudinarias! ¡Escuchar a grandes oradores y oradoras motivacionales! ¡Música, espectáculo! ¡Subidón y la adrenalina a tope! ¡Cómo nos gusta! Y eso es genial. Pero muchos **se quedan anclados en esas emociones, sintiéndose héroes que todo lo pueden, imparables, invencibles, no dándose cuenta que, sin pasar a la acción, poniendo muchas horas de disciplina y enfoque, nada va a suceder**, de hecho, el efecto rebote va a ser frustración, créeme, lo he visto muchas veces. Tienes que desconectarte de eso, porque no vas a vivir de los resultados de la persona en la plataforma, ni siquiera tienes que querer esos mismos resultados.

En lo personal, no entré al *Network Marketing* para ser millonaria, ni por las casas, autos, Rolex, lujos... (respeto a quienes creen que llegar a serlo es su motor). Entré porque, en un momento crítico de mi vida, mi fuente de ingresos desapareció.

Pensé en mi futuro, quería generar una economía suficiente para mí y mi familia, una economía que me diera dignidad, paz, tranquilidad, estabilidad, pero también quería hacerlo ayudando y tomando de la mano a otras personas que estaban también en situaciones similares para así juntos generar una economía social, una economía con conciencia que impactara de forma real en las personas, porque de verdad somos el centro.

Identifica tu realidad, dónde estás ahora y dónde quieres estar en la fecha X, crea un plan de acción, una estrategia, actúa y evalúa con disciplina y enfócate cada día hasta lograrlo.

Cada uno de nosotros somos seres únicos e irrepetibles, es momento de no hablar tanto y trabajar por lo que quieres, para que tus resultados y no tus palabras hablen por ti.

¡No permitas que tu potencial muera contigo!

Ese es mi camino, eso es lo que vivo, eso es lo que hago todos los días. Me concentro en lo que mi equipo y yo queremos lograr, en esas personas maravillosas que están aquí y las que están por venir.

Juntos caminamos hacia nuestras metas, hacia nuestros logros, hacia nuestros sueños, y lo logramos haciendo que nuestro negocio sea rentable y sostenido en el tiempo.

"Para mí, ser Networker es un grito por la libertad que te permite ser líder de tu propia vida".

Si te gusta lo que lees y eres una de esas personas con ganas de trabajar, de superarte a sí misma, de asumir nuevos retos, y sientes que aún tienes muchos sueños por cumplir, te invito a que me escribas por privado y hablemos.

Biografía
Susi Torres

Después de haber trabajado como empresaria en el mundo Inmobiliario (*Real Estate*), Susi tuvo la oportunidad de hacer algo totalmente diferente, apasionante, basado en la que siempre había sido su verdadera vocación: **Trabajar por, con y para las personas**, creando equipos de comercialización para lograr juntos objetivos, metas y vivir nuestros sueños.

En 2008, cuando estalló la conocida "burbuja inmobiliaria", significó para ella una crisis existencial y profesional. Se sentía sin salida, la facturación bajó a 0, no se vendía nada, y cambiar de sector no entraba en sus planes, sobre todo a una edad madura. Sin embargo, eligió voluntariamente la opción de ocuparse y no preocuparse por vivir en el pasado. Ni culparse a sí misma ni culpar a otras personas, entidades, etc., ya que era una crisis sistémica. Allí, vino su giro de 180° (su etapa actual), donde decidió tomar nuevamente las riendas de su vida profesional y salir de su zona de confort en busca de nuevas oportunidades de negocio.

Actualmente, es profesional y empresaria en la industria del *Network Marketing* desde hace más de 13 años; Está afiliada a los laboratorios de investigación de **4life, "La Compañía del Sistema Inmunitario"**. Se considera una "Head Hunter" de su propia empresa, la que está creando.

Su propósito a nivel de emprendimiento y negocios es inspirar a las personas a sentirse motivadas a hacer algo, y a creer que pueden lograrlo; en su caso, a través de la Industria del *Network Marketing*. Constantemente identifica para su equipo de trabajo personas con espíritu emprendedor, apasionadas, que salgan de su zona de confort, comprometidas y con la mente clara para hacer de su negocio uno rentable, asumiendo desafíos que les permitan alcanzar las metas que se han propuesto. y de esa manera trascender.

Contacto

- **LinkedIn:** Susi Torres
- **Facebook:** @susi.torres.12
- **Instagram:** @susi_torres_com
- **Web:** susitorres.com
- **Mail:** hola@susitorres.com
- **WhatsApp:** +34 615585346

Víctor Romero
Empresario e Inversionista

3 PILARES PARA HACER NEGOCIOS RENTABLES

¿Quieres ser rico para tener dinero? ¿O quieres riqueza para tener tiempo? Para responder a cualquiera de estas dos preguntas es necesario ser rentable para generar riqueza, pero ¿cómo hacer negocios rentables?

Voy a ahondar primero en el tema personal, creo que de ello depende el 90% de hacer negocios rentables. Dependen de mi relación y de la conversación que tengo con el dinero. Otro ingrediente importante, sin duda, es el talento, el propósito, la pasión y la disciplina.

El primer paso es encontrar tu propósito. Mucho de él tiene que ver con lo que amas hacer y en lo que eres bueno, alineado en buscar hacer un cambio o una aportación importante al mundo. Cuando el propósito es claro, todo fluye y se alinea para alcanzar el objetivo. Pero ¿qué pasa si aún no has encontrado tu propósito? Mi recomendación es insistir, discernir, y persistir hasta

encontrarlo, esto personalmente puede llevar varios meses o incluso años de trabajo, con el tiempo se va perfeccionando. Otra cosa de la que me he dado cuenta es que empiezan a surgir otros talentos que no conocías, generalmente surgen cuando las circunstancias son difíciles, como dice el dicho: *"Ningún marinero se hace en mar en calma"*, por eso es importante mantenerse incómodo todo el tiempo, con la curiosidad despierta, arriesgándose y probando cosas nuevas.

La mejor herramienta que he encontrado y ahora es la que suelo utilizar para evaluar un proyecto es la TIR (Tasa Interna de Retorno). Por supuesto, antes de hacer un negocio hay que conocer algunas variables como: la competencia, el tamaño del mercado, lo que resuelve mi producto o servicio, si el mercado al que voy a acudir lo requiere o lo está buscando, lo que viene (nuevos productos de otras industrias que puedan desplazarme), etc.

En algún momento del negocio se me ocurrió buscar crecimiento (me refiero a buscar muchas marcas para representar en México). Siempre he dicho que representar una marca es como tener novia: tomará tiempo y dinero. Un claro ejemplo fue un par de marcas especializadas en equipos de audio y video que representamos que tenían un inventario de más de 5,000 SKUs (*Stock Keeping Units*, son los códigos de barras legibles por máquina para un producto de tienda o catálogo), ¿te imaginas el tamaño del inventario y el monto de inversión para garantizar que todos los productos estén disponibles para entrega inmediata?

Los invito a llevar este ejemplo a 20 marcas, el desafío se vuelve interesante, y es aquí donde entra la rotación de inventario y donde el área comercial, compras, logística y cobranzas deben funcionar como un reloj, ¿por qué? Debido a que los fabricantes suelen dar créditos por hasta 45 días naturales, algunos clientes pagan

en efectivo, la gran mayoría paga por 30 días, el resto por 60 y 120 días. Si estás en la industria de la tecnología, puedes agregar una variable más: la obsolescencia. Recuerdo muy bien la limpieza de inventario que hicimos a principios de año, donde un lote de dispositivos que ya se habían quedado obsoletos por el tipo de conector que usaban fueron a la basura electrónica.

Entonces el nombre del juego de la rentabilidad pasa a ser financiero-comercial y por tanto hay que tener muy claro el horizonte de tiempo de la inversión. En palabras simples, si hoy inviertes tu dinero o el dinero que proviene del apalancamiento (préstamo bancario) en inventario de productos, ¿en cuánto tiempo deberías recuperarlo para maximizar su rentabilidad? Y aquí les cuento otra anécdota: La pasión por la tecnología me ha llevado muchas veces a tomar decisiones emocionales, sobre todo cuando visitaba exposiciones internacionales y encontraba productos que me volaban la cabeza. Tan pronto regresaba a mi oficina, hacía órdenes de compra para tener el producto en México, pero ¿qué pasaba después? En ocasiones el producto era muy avanzado (años después el mercado lo demandaba), no se ajustaba a las necesidades reales del

consumidor, o en poco tiempo el mercado se inundaba de equipos similares a un precio mucho menor. Aquí es donde ahora me detengo, luego preparo una corrida con la TIR, y hago un discernimiento en qué mercado va y qué problema resuelve. De esta forma, he evitado desastres y aumentado la rentabilidad de algunos productos nuevos.

Ahora hablemos del trabajo al otro lado del túnel: las ventas, la sangre de cualquier negocio; si no hay ventas, no hay flujo y el negocio muere.

"Cash is King", el efectivo o el flujo de caja es el rey y se genera a través de las ventas. En una charla, una persona compartió que la mejor lección que recibió en el área de ventas fue que su jefe, dueño de una comercializadora, no le permitía realizar la segunda actividad del día sin antes haber completado 50 llamadas de prospectos. Hoy contamos con muchas herramientas digitales para llegar a prospectos potenciales. Con Inteligencia Artificial (IA) se pueden crear textos para crear correos electrónicos, mensajes telefónicos o para diferentes redes sociales. También hay diferentes opciones de robots que se instalan en los navegadores

para enviar mensajes específicos a diferentes verticales y perfiles de *leads* (prospectos). Todo esto suma a la generación de ventas.

Les comparto que hubo un libro que cambió mi percepción sobre el departamento de ventas, se llama *"The Machine: A Radical Approach to the Design of the Sales Function"* (La Máquina: Un enfoque radical al diseño de la función de ventas), de Justin Roff-Marsh, quien propone un sistema para el proceso de ventas, en lugar de depender de los ejecutivos de cuentas. De esta forma, los *"leads"* que se generan entran en un proceso y, por cada 100 nuevos prospectos, generalmente se cierran entre 17 y 23 negocios en los siguientes 6 meses.

El tercer eje y el más importante, desde mi punto de vista, son los recursos humanos, además de la cultura.

Al principio, te compartí que el propósito es lo más importante, porque es quien ayudará a atraer el talento adecuado que se sume a buscar cambiar el mundo y sea partícipe de ello. Dicha cultura aceptará los elementos que se sumen y rechazará naturalmente a los que resten.

RRHH para mí es uno de los departamentos más importantes y ha sido un reto personal organizarlo, porque como en todo en la vida tenemos fortalezas y debilidades (lo mismo para los negocios), entonces lo que me ha funcionado es buscar a la persona adecuada para ocupar el puesto adecuado y que a partir de ahí pueda desarrollar su potencial (en mi caso, prefiero apalancarme con un elemento que tenga mejores capacidades).

Finalmente, quiero compartir con ustedes algunas cosas que he hecho y que me han aportado como empresario: *reunirme con mejores empresarios, buscar un mentor que admire, formar un consejo consultivo, rendir cuentas, ser congruente, afrontar responsabilidades en todo momento, tener un mentor espiritual y apoyo psicológico (life coach), contribuir y ser servicio en ONGs, compartir sin escatimar, mantenerme incómodo en todo momento, perseguir mi sueño, tener tiempo libre para mí y mi familia, leer, levantarme a las 5:00 am, llevar un diario, seguir estudiando continuamente (programas directivos, crecimiento personal), e invertir en experiencias* porque, en definitiva, la felicidad es la suma de pequeñas y grandes experiencias.

Dios les bendiga.

Biografía
Víctor Romero

Apasionado de la tecnología, del café y de la lectura, Víctor está convencido de que la creación de empresas genera riqueza y es fuente de empleos. El enfoque de sus negocios e inversiones son en la industria de la tecnología, finanzas y bienes raíces.

Graduado como Ingeniero Mecánico Administrador por el Tec de Monterrey, posteriormente realizó el programa de alta dirección AD2 en el IPADE Business School. Actualmente, es Socio Fundador de JSP Group.

Abierto a escuchar nuevos negocios y apoyar con mentoría a emprendedores, brinda además consultoría a las empresas para explotar y mejorar sus canales de comunicación, diseñando conceptos nuevos y facilitando el uso de la tecnología en las diferentes áreas de una compañía (salas de consejo, juntas, videoconferencia y más). Disfruta mucho asesorar en diseños de audio, video e iluminación residencial (ama los *Home Theaters*).

A través de su plática *"Dinero en acción, tu guía para una vida financiera plena"* comparte experiencias personales y empresariales para fomentar el ahorro y la inversión. También, participa con la *columna de Café y Tecnología* en el periódico El Financiero.

Contacto

- **LinkedIn:** Víctor Romero
- **Instagram:** @vhrch
- **Mail:** victor@jspmexico.com

Vivian Adame

Psicóloga y Fundadora de "Coffee Project"

LIDERAZGO

"Mis lecciones más valiosas de liderazgo las tuve en la mesa de mi casa, donde mi padre presidía cada noche los debates conmigo, mi madre y mis cuatro hermanos. Los temas variaban –política, negocios, literatura, eventos actuales, deportes–, pero se esperaba que cada uno de nosotros tomara una posición definida y la defendiera".

–Anne Mulcahy, CEO y presidenta de Xerox

¿Qué necesita un líder para contribuir a que una empresa o negocio sea rentable?

He tenido la fortuna de trabajar en el sector empresarial, salud, público y privado; he sido dirigente de grupo, coordinadora de proyectos, organizadora de eventos, hija; soy mamá y estudiante, estoy al frente de un negocio familiar junto con mi socia y hermana, Dayana Estefanía Adame Vargas, y digo "he tenido la fortuna", porque esto me ha permitido conocer a grandes maestros de vida y líderes, pero al mismo tiempo darme cuenta de que son pocos los que se vuelven efectivos y esto me llena de responsabilidad. Responsabilidad no sólo fuera de casa en el ámbito laboral, sino también en el rol que desempeño en mi familia, en el ejemplo que doy a mis hijos, en su formación, en mi contribución para el desarrollo de su ser.

Creo firmemente que un buen líder comienza a desarrollarse dentro de un hogar, tomándose el tiempo como padres para observarlos, estar presentes, brindarles herramientas que puedan ayudarlos a descubrir sus propias habilidades y talentos, y apoyarlos a seguir desarrollándolos. Por eso, es muy importante para mí seguir aprendiendo, obtener herramientas que sean útiles para seguir creciendo como persona y al mismo tiempo pueda utilizarlas para el desarrollo de otros. En este camino como estudiante, también he conocido gente que ha dejado huella en mí y reconozco como mentores, una de ellas, la Dra. Rosa María Sánchez Cantú, a quien considero una gran líder y de quien he aprendido algunas de las ideas que comparto aquí. Recientemente en las clases de doctorado que imparte, me recordó la importancia de partir del trabajo con uno mismo para desarrollar grandes líderes que puedan contribuir positivamente a la sociedad.

Escuchando una charla del Dr. Mario Alongo Puig sobre liderazgo, me llamó la atención donde mencionó que un líder no es aquel que nunca parece cansarse o enfermarse: un verdadero líder encuentra su motivación en el servicio, en saber que lo que hace, le hace bien a los demás, no actúa basándose en el sentimiento, sino en la elección. Tomando como ejemplo algunos conceptos de disciplina positiva, para mí un líder también es alguien que se siente parte de un grupo y, una vez haya trabajado los pilares de la autoestima (autoconocimiento, autoconcepto, autoevaluación, autoaceptación, autorrespeto), busca cómo contribuir a su entorno.

Un líder, principalmente, es aquel que parte de conocerse a sí mismo, está atento a descubrir sus fortalezas, y encuentra la manera de desarrollarlas y también las de su equipo de trabajo. Reconoce sus áreas de oportunidad y trabaja en ellas, sabiendo que esto impactará en el logro de objetivos comunes, estableciendo una conexión con su gente, y convirtiéndose en un puerto seguro para los demás.

A lo largo de la historia hemos conocido a grandes líderes que han impulsado movimientos, generado importantes proyectos, y contribuido a la sociedad con sus aportaciones. Volviendo a la pregunta inicial, *"¿Qué necesita un líder para ayudar a que una empresa o negocio sea rentable?"*, me he dado a la tarea de recopilar las principales características que comparten los líderes en 10 puntos y lo que han hecho para ser efectivos en su entorno:

1. **Sabe escuchar y dialogar:** Ha desarrollado el arte de saber escuchar, no sólo hablar, utiliza sus sentidos para prestar atención plena a sus colaboradores, logrando interpretar lo que le dicen verbalmente (también esos silencios, expresiones y movimientos corporales). Presta atención a las palabras que utilizan

las personas con las que habla para intentar hablar su mismo idioma. No supone, valida. Sabe que, como dice William Isaacs, dialogar es *"buscar una verdad mayor pensando en forma conjunta"* y no cree que ya lo sabe todo, siempre está dispuesto a aprender.

2. **Es un buen negociador:** Reconoce la importancia del beneficio mutuo. Se ha dado cuenta de que a nadie le gusta perder y busca que tanto él como sus colaboradores se sientan cómodos con las decisiones que se toman.

3. **Genera confianza en su equipo de trabajo:** El señor gran líder, Stephen R. Covey, menciona en varios de sus libros un término que llama *"banca emocional"* y la importancia de abonar entre los miembros. La banca emocional se refiere a aquellos "abonos" que se realizan diariamente para que en algún momento de tensión o dificultad se puedan utilizar y no dañar la relación.

4. **Es visionario:** Es quien presta atención a los detalles, quien tiene visión para saber hacia dónde se dirige y hacia dónde van como equipo, y comparte esta información con ellos. Ve las tensiones como un aliado, como oportunidades para generar los cambios necesarios.

5. **Es eficaz:** Para un líder es muy importante, como para un piloto, contar un plan de vuelo, tener claro hacia dónde se dirige, creer en sí mismo y en su equipo de trabajo, saber qué hacer si hay contratiempos o las condiciones climáticas cambian para llegar sanos y salvos a su destino, y hacen que su equipo obtenga resultados, incluso cuando él no está presente.

6. **Sabe influir y persuadir para negociar:** Se toma el tiempo de conocer a sus colaboradores, de tal manera que aprende a hablarles en su mismo idioma.

7. **Gestiona las emociones:** Reconoce sus emociones y utiliza herramientas de autorregulación.

8. **Pasión por la consecución de objetivos:** Muestra pasión por lo que hace y contagia a quienes le rodean, siendo congruente con lo que dice y hace. Sigue aprendiendo. Busca la mejora continua. Disfruta tanto del camino como de la meta.

9. **Sentido de pertenencia y pilares emocionales:** Cuenta con pilares emocionales y se vuelve en un pilar importante para quienes le rodean.

10. **Mantiene el equilibrio:** Llega un momento en el que se da cuenta de que, para su bienestar, es necesario que haya equilibrio en todos los ámbitos de su vida y trata de hacer los ajustes necesarios para lograrlo.

"Los líderes necesitan conocerse muy bien y sentirse a gusto con el poder que tienen, de tal modo que estén deseosos de que la gente los tome como alguien con quien identificarse. Esto crea una enorme cohesión en la organización".

–Abraham Zaleznik, titular de la Cátedra de Liderazgo Konosuke Matsushita, profesor emérito de la Harvard Business School

¿Parece difícil de alcanzar? Muy probablemente podrías pensar que sí, que es imposible, que de la teoría a la práctica hay una gran diferencia... Te invito a que traigas a tu mente a quienes consideras que han sido tus pilares, tus puertos seguros hasta ahora (¿Tus padres, un maestro, un jefe, un amigo, un extraño?) y reflexiones si poseen algunas de estas características... ¿Cómo lo lograron?

Un líder eficaz y seguro de sí mismo deja huella, trasciende más allá de los años, deja un buen legado, forma más líderes y, aunque no esté presente, seguimos recordándolo y haciendo uso de sus enseñanzas en nuestra propia vida.

Biografía
Vivian Adame

Vivian es psicóloga de profesión, esposa, madre y dueña de una pequeña cafetería y comedor llamado *"Coffee Project"* junto con su socia y hermana, Dayana Adame, donde dan servicio alrededor de 40 empleados en la ciudad de Saltillo, Coahuila.

Actualmente, está cursando el doctorado en Liderazgo y Desarrollo Humano, cuenta con dos maestrías, una en Educación con acentuación en Neuroaprendizaje y otra en Innovación para el Desarrollo Empresarial; estudió un diplomado en Recursos Humanos y cuenta con certificaciones como *coach* ejecutivo y de Alineación de Equipos de Alto Desempeño, *Encouragement Consultant Training*, Facilitadora en Disciplina Positiva, entre otras.

Ha tenido varias participaciones como expositora: Mesa redonda de equipo multidisciplinario de la UVM; segundo congreso de nutrición de la UANE; programa de educación continua del Centro de Rehabilitación y Educación Especial; tercer foro de investigación *"Voz Activa"* de la UAC; VIII Congreso *"Al encuentro de la psicología mexicana"*; IV Congreso Latinoamericano de alternativas en Psicología con la ponencia *"Intervención en niños víctimas de abuso sexual"* junto con otros colaboradores de la Facultad de Psicología de la Universidad Autónoma de Coahuila (dicha ponencia está escrita en el libro, *Psicología, Salud y Educación: Avances y perspectivas en América Latina*).

Es miembro de la Asociación de Poetas y Escritores de Saltillo. Algunas de sus contribuciones como escritora son las siguientes: Participación en la antología del taller *"El arte de escribir historias"* bajo el programa de Escuela de

Escritores del Instituto Sonorense de Cultura, que lleva por título *"Cuentos de unos cuantos"*; con el cuento para adultos, *"Cuando el dinero enferma"*; y colaboración en antología *"Afanes del alma"* con diversos poemas de su autoría.

A lo largo de su vida, se ha interesado por aprender sobre Desarrollo Humano y el impacto de un buen liderazgo para cualquier organización y en cualquier ámbito.

Contacto

- **LinkedIn:** Vivian Catalina Adame Vargas
- **Mail:** vivianadame.innovacion@gmail.com

Made in the USA
Columbia, SC
13 October 2024

43472281R00074